后死之责

祖父章太炎与我

章念驰——著

上海人民出版社

图书在版编目(CIP)数据

后死之责:祖父章太炎与我/章念驰著. —上海:
上海人民出版社,2019
ISBN 978-7-208-16079-8

Ⅰ. ①后… Ⅱ. ①章… Ⅲ. ①章太炎(1869-1936)
-人物研究-文集 Ⅳ. ①B259.25-53

中国版本图书馆 CIP 数据核字(2019)第 204945 号

责任编辑 张钰翰
装帧设计 范昊如 夏 雪 等

后死之责
——祖父章太炎与我
章念驰 著

出 版 上海人民出版社
(200001 上海福建中路 193 号)
发 行 上海人民出版社发行中心
印 刷 浙江新华数码印务有限公司
开 本 890×1240 1/32
印 张 10
插 页 4
字 数 195,000
版 次 2019 年 12 月第 1 版
印 次 2019 年 12 月第 1 次印刷
ISBN 978-7-208-16079-8/K·2889
定 价 88.00 元

纪念先祖父章太炎诞辰150周年

先祖父章太炎像

先祖母汤国梨像

苏州故居

1961 年冬，我读高中回家度假，在后园写生（水彩）。后园是菜地，前园是花园，前楼是故居，后楼是章氏国学讲习会旧址。当时我们已住到了讲习会旧址。如今已不复存在了。

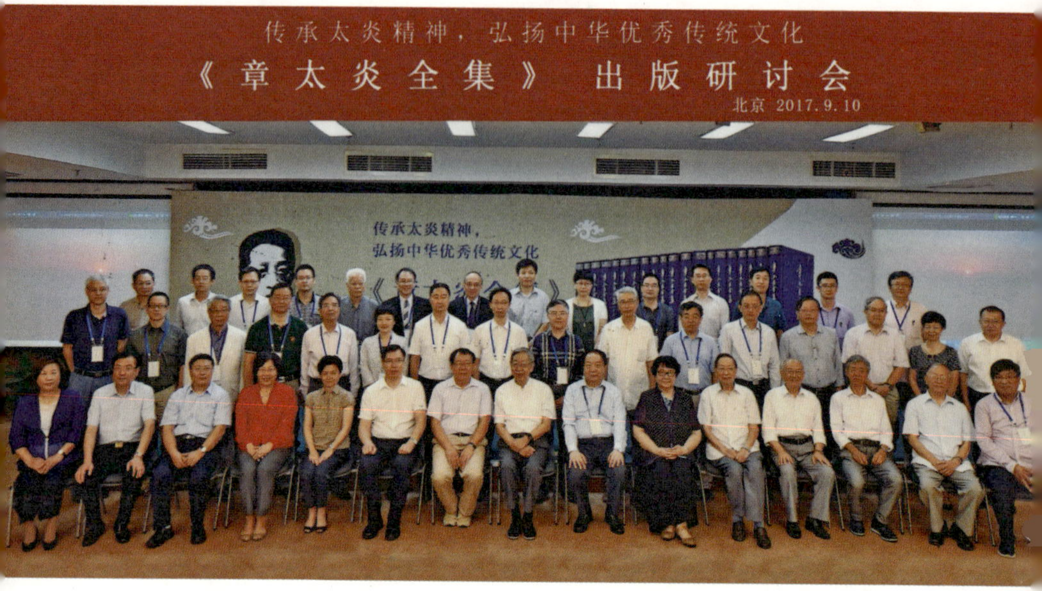

传承太炎精神，弘扬中华优秀传统文化
《章太炎全集》出版研讨会
北京 2017.9.10

《章太炎全集》出版发行仪式与研讨会在北京举行（2017年9月）

母亲彭雪亚与我们兄妹四人摄于“文革”期间。大哥章念祖（后）、大姐章念辉（左三）、妹章念靖（右一）

“文革”后我们兄妹均当选了上海市“人大”或“政协”代表，摄于“两会”会场

父亲章导领我们兄妹五人赴京参加捐献家藏文物典礼，薄一波、邓力群、王蒙等代表国家出席（1986 年）

我与兄弟姐妹的合影

我与我的一家：内人周锡瑛、女儿章明徕、女婿周国荣、外孙周睿章（摄于 2018 年）

我在思想家塑像前（2016 年摄于美国）

目　录

前言：我与祖父

不可选择的家庭

我出身在一个“名人”家庭，祖父章太炎先生，是“民国先驱”“国学大师”，客厅中赫然挂着黎元洪手书的“东南朴学”大匾额，昭示祖父是个有名望的人，至少是朴学大师，继承了清代的朴学。客厅中还挂了一大幅邹容的遗像，我悄悄地问：“这是谁？”回答我说：“大将军！祖父的盟弟。”这让我肃然起敬，暗暗地想：“祖父还是革命者，了不起！”

我是在祖父去世六年后出生的，离他作古不算久远，家中依然弥漫着他活着的气息，无处不在的书橱，家人谈论的话题，来往的客人……几乎都与他有关。他依然是家里的中心。他无所不在，所有一切几乎仍然与他有关！人们称他“老爷”——无论家人、佣人、客人。“老爷”似乎随时还会回来。我则称他“爷爷”。

我从小就知道爷爷与孙中山、黄兴是并驾齐驱的“辛亥三杰”，直到我念小学，课本里还是这样讲的，还印了他们三个的画像，画得都是一样大的。后来不知怎么的，只剩了孙中山一个人了。我从小知道爷爷是革命者，参与推翻了两千年的封建王朝！那个时代革命是受崇敬的，“辛亥革命”“国民革命”“俄国革命”“平民革命”“产业革命”……一直革到“文化革命”，革命就是荡涤一切污泥浊水，只有革命才能救中国！不知从什么时候，革命又变得不吃香了，变成了一个贬义词了，改良、变法、维新……变得比革命吃香多了。但我的大半生是处在“革命”受崇拜的阶段。

又不知从什么时候开始，“革命”被分为“无产阶级革命”与“资产阶级革命”，资产阶级革命在先，而无产阶级革命的任务是“消灭资产阶级”，这就叫“灭资兴无”，这让我自幼心情沉重。国民党把祖父排斥在“党史”之外，共产党也曾把他排斥在近代民主革命之外。——祖父从革命的先驱，变成了革命的对象，我们家庭从“光荣人家”，变成“有问题人家”，这让我从小处于恐惧之中。

尽管如此，祖父依旧是家里最核心的人物，大家处处以他为标准，就像儒教理学，制定了一整套为人处世的标准，并处处以这样的标准来要求我，压得我难以自由呼吸。虽然我父亲——一个少爷，解放后不久就稀里糊涂被关了进去，判了十五年徒刑，但祖父在家里的“神圣”地位并没有改变。我自觉与不自觉地以他为榜样，以至我初中毕业，毕业评语中还说：“阶级立场模糊，与家庭划不清界线！”这才让我如梦初醒。我的一个同学也是这等评语，学校不给分配，从此失学于家。这时我才知道家庭对我影响是如此之大，我不可再糊里糊涂，该选择自己的道路了！

我虽出身名门望族，但辉煌已逝，要权没有，要钱也无，早已门庭冷落，守着空楼花园，只有三五酸儒往来，名人之后并非是幸事。

选择自己的道路

1959 年我从育才中学毕业，正逢“大跃进”时代，直接就读师范学校，1962 年毕业，又逢“自然灾害”时期刚过，泡沫破了，没有正规职业可以分配，只好去民办小学教书，在简陋的弄堂里教书。但我一点不以为苦，不以为陋，我知道如我这样出身的人，只有吃苦，才能赎罪。我入了团，当了支部委员，成为“孩子王”“大队辅导员”，教最“烂”的班级，将“留级生”组成的“差班”，教成成绩优秀的毕业班……后来调到中学，还是教差生毕业班，结果教成先进集体，自己也当选区“活学活用毛泽东思想积极分子”。后又调到区少年宫，办思想教育的《小葵花》杂志……我无怨无悔地改造自己，改造有罪之身，但我没有变得具有什么“共产主义信仰”，祖父对我的影响依然最大，左右着我的人生。最终我意识到我只是认认真真做好每一件事，堂堂正正做一个正直的人，这个教养，依然是我的祖父遗传的！我的兄弟姐妹差不多也是这样，继承了祖父的精神，工作都是一流认真。我发觉我依然没有摆脱祖父给我的影响！

工作后，我依然关心祖父命运——各种对他的研究与评价，我天然有兴趣阅读，模模糊糊研究着他。当时的历史人物研究，只是对人的“属性”研究而已，如属于什么派——革命派还是其他什么派。最可恶的是有人评他是“地主阶级反满派”，这让我不知怎么回答造反派的询问——“你家还有多少亩地?”总之，我感到对他的评价是极不公正的，这与家庭告诉我的祖父形象大相径庭。

选择研究祖父

“文革”终于结束了，家庭的包袱、出身的包袱，终于可以卸下了。我应该怎样走我自己的路呢？这时传来一个好消息，国家决定拨乱反正，首先从被歪曲的历史人物做起，决定先出十个历史人物全集，便于人们全面了解历史。我祖父就是这十大人物之一。改革开放后，更是承认了辛亥革命也是中国近代革命，终于不要革祖父的命了，还称他是“中华英杰”。

关于出祖父全集，大概是家中最大最大的愿望。祖母在祖父去世后，又活了四十三年，她活着的唯一动力是为祖父出版全集，她守护着一大批遗稿，请人誊录，请人整理，请人出版……竭精殚虑。祖母常对我说，人都会死，后死的人，应为先死的人去完成未竟之业，这叫“后死之责”，汝当知之。这对我很有影响。开始听说上海古籍出版社将玉成其事，后又搁浅了，直到“文革”后，这一工作由上海人民出版社来承担，由祖父的弟子王仲荦负责牵头。祖母终于看到了《全集》的启动，然后在1980年过世了。当时可以推荐一位家属代表参与其事，我们家族中只有我一个人勉强算从事文科，而大家都想沾这份光荣，尤其我父亲作为第二代还健在，所以谁也没有推荐我，只有王仲荦极力推荐了我。而我也有从事这项工作的愿望，完全没有了解这项工作的艰难，不知深浅地踩了进去。就这样我进入了上海社科院历史研究所。这时我已三十六岁了。

社科院历史所算是“最高学府”，我这个充其量只有教教中小学语文水平的人，非常被人看不起。这么多年来，我的“领导”指导我怎么治学怎么出版全集，不知有没有满一两个小时？完全让我自生自灭。这时我后悔极了。虽然有了一个“体面”的职业，但面对知识私有，家无后援，我无助无望，悔青了肠，丢尽了脸。

这时祖父的高大形象让我下定决心，要自立自强，拳打脚踢，要自己闯一条光明大道出来。于是我从祖父的经历着手，反复研读他的年谱，按他的经历阅读当时所有能读到的报刊书籍，逐日逐月逐年研究他的经历，阅读与他治学有关的书籍，不过半夜不寝，以弥补知识上的不足，终于搜集了他的医论一百四十多篇，演讲一百四十多篇，编订了他的《医论集》与《演讲集》，这是前人没有做过的工作。在收集了大量资料的基础上，我完成了专著《沪上春秋——章太炎与上海》《我的祖父章太炎》《我所知道的祖父章太炎》等，以及编著十余种。从加入《章太炎全集》编订之中，至今四十年，终于看到了二十卷《全集》成功出版，翻越了这座大山，完成了先人的夙愿。《全集》出版后获得了许多荣誉，如全国优秀古籍图书一等奖。我也从一无学历，取得了三级研究员职称。为此我将这段经历写入这部拙著之中，供世阅览。

兼修两岸关系

我对祖父的研究，以及从事《全集》整理工作始终没有停止过，但又因工作需要，同时从事两岸关系研究。为实现国家最终统一而努力，这同样是一项神圣的工作。前者是对静止的历史加以整理与研究，后者是对动态的台海关系加以追踪研究，是完全不同的两个领域，花了我相当多的精力。但研究历史的经历，为我从事现实研究带来了历史纵深感，让我始终将台海问题放在民族复兴和中国的前途中加以思考，从而树立了鲜明的个人研究风格。

两岸关系研究可以说是对祖父一辈子未竟之业的延伸，我始终以他的爱国主义情怀与敢于说真话的风格，来指导我的研究。我受到海内外很多好评，当然也会有许多体制内的批评。这些年我出版了《两岸关系与中国前途》《两岸关系与中国崛起》《论统一》《我与两岸关系三十年》等多部专著，另有十多册编著。获得了诸多荣誉，如国台办、中台办颁发的“对台工作杰出贡献奖”等。中国人讲究立德立言，我在这两个领域形成了二十多部专著与编著，作为一个“中等师范”毕业生，也算超常发挥了。

回顾自己一生，实在是受祖父影响太深。他让我认认真真做每件事，诚诚实实说每句话。他的性格也深深影响了我。他学问太好，所处时代又太黑暗，积疴太深重，遭遇太不公，他像堂吉诃德一样顽强去挑战整个旧世界，百折不屈。他的道德太纯粹，不肯与时代同流合污……这一切同样深深感染了我。台湾《联合报》发行人、著名的报人黄年先生曾为我写过一篇书评，他说："可将章念驰的生涯看成纵横两大主轴，纵轴是继章太炎，横轴是续汪道涵而来。章念驰在研究章太炎的过程中，形同自身重履复蹈过章太炎姿采殊胜的一生。汪道涵是两岸关系的先驱，也是他真正将章念驰带进两岸事务。从某个角度上看章念驰，会觉得他也许就是章太炎活到今天；从某个面向看章念驰，也会觉得他也许就是汪道涵活到今天。"黄年又说："民国踬踣跌宕的命运，和章太炎奇诡不羁的人格，相激相荡。其实正是深刻进入中国现代史的一个奇妙殊胜的入口。我觉得，最有资格从这个入口进场者，也许就是章念驰。"黄年有深知我的一面，也有过誉的一面。所以我想把我所知所想写下来，与人共勉。

感　悟

回顾一生，我几乎活在祖父的影子之下，无论他被崇敬，无论他被贬斥，都是如此。这是个沉重的包袱，我几乎没有自我，成了他的化身。如果我想轻松一些，人们会说："多轻浮，哪像大家子弟！"如果我做得比人差，人们会说："多么无能，哪像他的祖父！"人们不自觉地用伟人标准来看我，让我处处感到"被捆绑"。但我的一生又是有意义的，我毕竟站在他的肩上，获得了很多见识，感染了他的伟大，我的精神始终是富足的。

我参加他的《全集》的收集、整理、出版工作，我促成了他的纪念馆、故居的创建，我出版了多种介绍他生平的著作，我尽了“后死之责”，我没有给他丢脸，我平凡的一生变得有意义得多。我深深意识到祖父决不是时代造就的草莽英雄，转瞬即逝，他是不需要人们刻意去吹捧与纪念的，他是一座富矿，他的价值会随着特殊年代政治狂热与学术无知的退潮而越来越凸显。他的献身精神和学术成就，会成为国家的、民族的瑰宝，会流传得很久很远。这位被人嘲笑为“疯子痴子”的人，正是我们这个崛起民族的脊梁！

暮　年

今年春节，我举家去夏威夷度假。十二年前，我曾因公去过该地，当时虽也年逾六十六，但步履相当清健，如今则虽然廉颇尚饭，而步不过二三里，喘而不支，老已至也，生命快走到尽头了。两年前，我出版了《我与两岸关系三十年》，对自己从事两岸关系研究的生涯作了个总结，如今应该对从事祖父的研究作一交代，给人生画上一句号，然后可以从容度过自己最后的岁月。我决定出一册《后死之责——祖父章太炎与我》，这大概是我最后一部书了，想把许多话写下来，这也是我最后的心愿了。

这个心愿得到了上海人民出版社社长王为松的慨允，得到了张钰翰编辑的支持，终于得以出版，这是我与上海人民出版社四十年来又一个硕果，因果保佑，铭感五内。

拙著均是近两三年的新作，分成三个部分。第一部分是我近年来写的有关祖父的文章，提供与补充了许多新的史实，有十四篇；第二部分是写我自己的文章，绝大多数是近年新作，也有数篇过去未曾发表的文章，里面处处都有祖父的影子。我没有祖父那么大的成就，但遗传了他的性格，使“我”字写得大大正正，足以自慰；第三部分是取两篇对我评论的文章，可印证祖父与我的关系。

我已七十八岁了，我每天似乎都是在与生命抢时间，我不知道上苍会不会给我一个又一个明天。人最需要有危机感，要珍惜每一天，过好每一天，把每一天当作最后一天过，好好珍惜生命，好好享受生活。人生不是一本取之不尽用之不竭的支票，只有懂得投入，如储蓄一样，才能有享受生活的权利。

最后我必须感谢两个人。一位是我的内人周锡瑛女士，她贤惠体贴，与我一起度过了五十多个春秋，甘苦寸心知，实在不容易，我深怀感激。另一位是我的同事金雅娟，这二十多年来，我写的所有文章，都经她打字，这是不应该忘记的。其实我应该感谢的人实在太多，没有这么多人帮助，我将一事无成。我将永远心怀感激，会记住每一个人的帮助与恩赐！

姑将此文作为本书前言。

写于2019年2月14日

一、关于祖父章太炎

油画写生　溪水

翻越大山*

上海人民出版社老社长王兴康先生在一次《章太炎全集》出版工作会上，比喻太炎先生的经历与学问犹如一座大山，出版和研究太炎先生的全集，犹如翻越大山。这个比喻确切极了。

四十年前，即 1978 年，“文革”刚刚结束，开始拨乱反正，随后国务院恢复了“古籍整理出版规划领导小组”，发文提出给中国十个历史人物出版全集。这是一项抢救文化遗产的历史工程，昭告了学术春天的来临。先祖父太炎先生即是这十个历史人物之一，按规划由上海人民出版社承担《章太炎全集》的出版。从 1978 年到如今，四十年过去了，中国历史人物的全集，被出版的大概已有成百上千了，而先祖父的全集可以说是最后被完成的，因为这确实不是一项轻而易举的工作。

四十年前，能胜任这项工作的鸿儒已所剩无几了，因为先祖父的政治经历从戊戌变法到辛亥革命乃至二次革命、护法运

---

* 本文为在《章太炎全集》出版研讨会上的发言。

动、抗日战争，漫长而复杂，他几乎无役不与，要正确把握这段历史，诚非易事。而他这代人的革命，又往往是通过学术来表达的。作为国学大师，他的学术涵盖小学、经学、子学、佛学、哲学、文学、史学、医学，著述十分宏富深奥。他在这些领域都取得了开创性成果，既构筑了中国旧民主革命的理论，又构建了中国学术文化体系与话语。他并不是一个仅仅注经释经的旧式学究，他代表了中国传统文化与新文化的核心与顶端。加上他的文字古奥，连鲁迅先生都说："我读不懂，点不断，当然也看不懂。"即便是他的政论文章，有新名词，有旧典籍，加上各种外来语翻译标准不一，以及人名、别名、号名、室名、字名、书名、篇名……今人看来如阅天书。出版他的书，仅仅校对要五校以上，还要造许多生字与僻字。这一切大大增加了工作难度，这真是如同翻越大山。

当时，先祖父的弟子们和我们家属听到要出版全集的消息，兴奋不已，因为这对我们来说已是等待了近四十年的好消息，所以无不积极投入。次年，即 1979 年，在先祖父弟子王仲荦教授奔走之下，终于组成了一个三十个人的整理出版团队，其中三分之二是先祖父弟子，当然也有国内一流的章太炎研究专家，我则作为家属代表忝列其中。又经历了四十年的岁月，二十册的《全集》终于出版了，我也参与了其中三册的整理。当然，《全集》的后续工作还会是大量的，但我们基本上向先人向后人交出了一份较为满意的答卷。众所周知，无论研究中国近代政治史抑或学术史，先祖父都是一个绕不开的关键人物。但由于他的著作没有系统整理出版，很多人只好望而却步，更多的人干脆绕开他走，只有少数人敢从他身上翻越，从而取得一览众山小的境界和成就。所以《全集》的出版，为更多人去翻越这座大山提供了众多方便，是件功德无量的善举。

四十年过去了，很多当时人都成了故人，我作为尚存的当时人之一，有幸见证了今天令人兴奋的时刻，感慨万千。请允许我代表家属，也代表我自己，感谢上海人民出版社几代人的执着与坚持；要感谢我的家乡浙江余杭，在出版陷入低潮时，慨然加入这项工作，予以大力资助；要感谢许嘉璐先生在关键时刻挑起了《全集》学术委员会主任的职责；我更要感谢众多学者拨出宝贵光阴去“为他人做嫁衣裳”，参与《全集》的编订校点，为我国文化出版事业完成了这样一项艰巨工程，也为我们家属完成了八十年来的夙愿，实在要向大家表达衷心的感谢！

写于2017年8月《章太炎全集》完成之际

一个不该忘却的人——章太炎*

一、我为什么要写《我所知道的祖父章太炎》

早晨，广播一遍遍地在讲：“我们这样的共和国，太需要自己的英雄，太需要自己的先驱了。”是的，一个国家没有自己的英雄与先驱，就像一个人没有了祖先。构成一个国家的性格、文化、精神的是这个国家的人文与历史，正是这些人文与历史构成了这个民族的记忆，这些记忆也决定了这个民族的性格。例如，我们称国家强大了，我们也不会称霸，也不会外侵，为什么呢？因为我们中国历史上从来没有过称霸与外侵的历史记录，所以构成了这个民族性格是和平的，无侵略性的，这是毋需多加解释的，性格使然也。当然，从某些方面看，我们民族也是一个很“健忘”的民族。

我的祖父章太炎在一个世纪前，曾如此巨大地影响过中国，无论政治与文化，都如此深刻地影响过几代中国人，他孕育过许

* 本文原发表于《世纪》杂志。

多爱国主义志士，又造就了许多学术文化的精英，仅“民国”后的中国各大著名院校中文系领导人，很多都是他的弟子，这样的传承历经了几代人。经历了“文革”，八十年代初，中国共产党曾将中国历史上作出过杰出贡献的人，概括为“中华八十三英杰”，作为爱国主义教材，在“旧民主主义革命”时期，就只有孙中山、章太炎、鲁迅三人。我曾经汇编过祖父去世后五十年间（1936—1986年）人们研究他的著述目录，仅我所见就达一千五百多篇，数量仅次于对孙中山的研究。而近三十年，特别是近二十年，对他的研究逐渐衰弱，了解他的人越来越少，以至近五年来，正经的研究他的著述已寥若晨星，一个缔造共和、结束帝制的先驱，正逐步被人遗忘了。

造成这种学术危机的原因，不是他所代表的价值与文化的衰落，而是这个社会的浮浅与急功近利。至于研究章太炎的学术，更是涉及中国学术文化的顶端，从音韵文字学到经学、诸子学、佛学、史学、文学、哲学、医学等方面，是中国学术文化最核心的一部分，没有相当功力是无法涉足的。如果说，一个人从念完大学到念完硕博，就可以啃下一个一般历史人物，那么，要啃下章太炎，起码还要再加上一倍的力气，到时已人届中年，如今社会有容纳人们这样成长的空间吗？所以一般做学问的人都绕开了章太炎，久而久之，章太炎成了一个陌生人，从人们的视线中消失了。这一切，仅仅是在一二十年中，让一个民族“英杰”、民国“先驱”、国学大师，就这样消失在我们的无知之中，太令人震惊了。

我作为他的后人，过去一直不愿以他后裔自居，不愿靠在这棵大树下吃先人的冷饭，甚至连他的纪念活动都很少参加，我曾说：章太炎是最不需要靠“纪念”的历史人物，因为他的价值会被越来越多人认识到。如今，在我年届七十五岁之际，我反感到了空前的危机，感到我应去拯救这段历史，否则我会很不安地离世。所以我一反故态，不揣浅薄，写了《我所知道的祖父章太炎》，让大家不要忘记这段历史，也不要忘记这位杰出的爱国者。我仅仅写了我所知道的部分，肯定还有许多我所不知道的地方，便希望大家一起来写，一起来纪念，让他得以复活。

二、革命家的章太炎值得纪念

章太炎是中国近代少有的以一肩担两任的先驱人物，他既是一个革命家，又是一个学问家，鲁迅先生称他是“有学问的革命家”。鲁迅先生一生没有这样称呼过其他人。

作为一个革命家，他一生反对封建社会，反对皇帝制度，反对专制，反对外来侵略势力，反对社会的一切不公平不合理，从来没有妥协过，也没有停止过，被人视为“反对一切”的“怪人”。他所处的时代，黑暗太浓重了，社会太不合理了，他几乎反对一切，挑战一切，是一个完全的革命者。“革命”这词，在今天也许不太崇高了，革命带来的破坏也是相当严重的，伤害也是巨大的，从辛亥革命到二次革命、护法革命、北伐革命……“革命”似乎让一些人疲劳了，“革命”的光辉似乎也大为折损了，于是有人说“改良”与“维新”也许比革命更好一些。但是，章太炎所处的年代，清政府成了一切腐朽势力黑暗势力的总代表，成了阻碍社会进步与发展的总阻力，他说：“今日之民智，不必恃他事以开之，但恃革命以开之”，“公理之未明，即以革命明之，旧俗之俱在，即以革命去之。革命非天雄大黄之猛剂，而实补泻兼备之良药矣”。所以，他选择了流血革命，以自己头颅去撞击冰冷的封建王朝的壁垒，是准备去死的。这种勇气与行为，带动了一个时代的觉醒，这是当时维新派的开明绅士或君主立宪派的达官贵人所没有的勇气与能力，嘲笑革命者是无知与无耻的。作为革命者的章太炎无论如何是值得尊敬的，即便今日的“改革开放”，也需要有革命者的勇气。

日本史学家河田悌一写过一本论章太炎的著作，叫《否定的思想家章炳麟》，他认为章太炎特立独行，几乎挑战一切和否定一切，他否定慈禧光绪，否定新老军阀袁世凯与蒋介石，否定日本军国主义与接受俄国资助的共产党……他甚至否定过孙中山，对孙中山有些做法感到不满。他被清政府通缉过也关过，他被袁世凯通缉过也关过，他被蒋介石通缉过也被迫“画地为牢”自囚过……他之所以反对一切否定一切，是以国家利益与民族利益为标准，一切不利于国家与民族的利益的，他都激烈反对，而他所处的时代，国家太落后，弊病丛生，灾祸不断，坏人横行，帝国主义霸占了许多领域，他不断地反抗，不顾一切地反对，他是一个真正的赤诚的爱国主义者。所以鲁迅高度评价他，说：“考其生平，以大勋章作扇坠，临总统府之门，大诟袁世凯的包藏祸心者，并世无第二人；七被追捕，三入牢狱，而革命之志终不屈挠者，并世亦无第二人；这才是先哲的精神，后生的楷范。”章太炎这样忠贞不屈的爱国主义志士，世有几何，难道不值得我们纪念吗？

作为一个革命家，章太炎不仅致力于推翻封建专制的王朝，还致力于建立民主共和，从而缔造了中国第一个民主政体的共和国——中华民国。“中华民国”国号出于他的手笔。他当年与孙中山一起流亡在日本，深入讨论了推翻清朝专制帝国后，中国应建立一个什么样的国家，要走一条什么样的道路，他们决定建立一个资产阶级民主共和国家，实行“三民主义”。这个政体与历史上所有国家政体有许多不同，提出了“主权在民”的概念，有了五族共和思想，有了初步的公民意识、自由民主概念及法律意识，提出了政党政治、政治监督、对政府权力的制约等新概念，也提倡了言论自由、人与人的平等、知识分子应该站在政府的对立面，在民主监督中完善政府，第一次在中国倡导西方“科学、民主、自由、法制、平等”等新概念。这些民主共和意识虽然很空洞与朦胧，但这毕竟是对两千年封建专制的一种反动，当年持有这样思想的人，往往会被视为“发疯”，是异类与怪人。章太炎与孙中山是中国近代最早具有民主共和思想的人。辛亥革命后，章太炎提出“革命军兴，革命党消”，提出各党各派在军政府领导下联合起来，建立联合政府。他这种想法被他的战友批判得体无完肤，在很多人眼里，谁革命谁执政，怎么可以“联合执政”？他们根本没有“共和”概念。章太炎在辛亥革命后，没有加入“国民党”，而是站在民间的立场，监督政府，监督执政党，常常批评政府，也批评孙中山。他说政府好比一幢大楼，没有监督没人批评，总有一天会出问题。孙中山很赞同这看法，而孙中山的属下就没有这样素养了，他们把章太炎的批评监督看成“作梗”“捣乱”“破坏”……所以制造了“孙章不和”“章太炎反孙”的舆论，喋喋不休地讲了半个多世纪。而孙中山本人完全不这样看，他在任临时大总统时，请章太炎出任教育总长，担任总统枢密顾问；孙中山成立护法军政府，请章太炎任秘书长；孙中山出任非常大总统，急电召章太炎赴粤相助……他总在第一时间想到章太炎，还三次力荐章太炎出任“国史馆长”。这是孙中山与章太炎的民主共和思想决定的，而其他人的民主共和素养则太落后了。所以老报人老出版家张菊生在章太炎去世后给章太炎写了一副挽联：

无意求官，问天下英雄能不入彀者有几辈？

以身试法，为我国言论力争自由之第一人！

另一位民国大老马相伯先生致挽联说：

代人民说公道话，替党国讲正经话，卓哉君乎安可死；

言文学似黄梨洲，论品行如顾宁人，髦矣我也得毋伤。

这真是知者之言，写出了一个追求“民主”“共和”“自由”的章太炎。

至于章太炎的革命经历，怎么参与变法，怎么转向革命，怎么与保皇派斗争，怎么高举革命大旗，怎么七被追捕，怎么三入牢狱，怎么参与二次革命，怎么反袁，怎么投入护法运动……直到抗日战争，他无役不与。在这些重大的历史事件中，无不留下了他的声音，留下了他的业绩。可以用一句话概括，他永远有国无家，爱国之心从未一日有减；他民族主义立场坚定无比，从未一日减弱。在此主要阐述他的精神，至于他的事迹不一一赘述了。

谁说旧民主主义革命家有太多的局限性？谁说他们软弱？他们与新民主主义革命家同样英雄无畏，同样值得我们尊敬，值得缅怀。祖父遭受到的苦难一点不比其他的革命者少。他在西牢中，多少次被狱警殴打得昏死过去；他在流亡中经常断餐，只好日以麦饼充饥，有时全家只好蘸点盐下饭。有次马叙伦去看章太炎，见他们全家共食一个菜，即豆腐煮大葱，算是很好的伙食了。黄季刚说，章太炎衣被三年不换，因为没钱买；日本当局封禁《民报》，要罚一百五十元，祖父缴不出钱，被判坐一百五十天苦狱；祖父的大女儿常年随父亲流亡，吃尽苦头，后又被袁世凯囚禁，几乎无法见到光明，厌世而自杀，祖父悲恸万分。为了创建一个新中国，他们一点不比今天的革命者怯懦。

三、学问家的章太炎也值得纪念

作为学问家，章太炎是当之无愧的，他作为“国学大师”大概也是最没有争议的，他对中国传统文化的继承与发展最全面最有成就也是最无争议的。清末民初，学问家不少，但既是学问家又是革命家则是罕见的。无论革命还是治学，他的创新性都是突出的。他博学深思，在很多领域都作出了开创性的贡献，迄今在各领域的前端，留下了一份又一份学术遗产。他不是“注经释经”式的老式研究，绝不是墨守成规的“老儒”，而是善于思考与创新的人物。他更接近一个思想家的风范，为中国、为人类思考了许多重大命题。

他治学范围很广，涉及小学、经学、诸子学、佛学、史学、文学、哲学、医学、书学，而且在每个领域都确立了他的地位与贡献。他培养了许多弟子，他们分别继承他一门或几门学科的成就，又将这领域推向了一个新高度，形成了一个个学派。在音韵文字学方面形成了“章（太炎）黄（侃）学派”，至今无人超越，可见影响之巨。

他有这样大的学术成就，并不是因为他是个天才，而是来自他外祖父、父亲、长兄及俞曲园等师长的教化，以及他的勤奋。他治学从小学（即音韵文字学）着手，从最基础的认识文字的来源，了解每个文字的音、形、义着力，尤其着力研究音韵，深窥文字形成之前的语音与文字的关系。他精研《说文》达七十二过，卓然见文字之本，对九千多个文字，字字了然在心。然后他读历代经典，高人一筹，有比一般人更多收获，读出更多的新意，这是他高于一般人的地方。

他的学术研究不是抱残守缺，而是敢于“疑古”，敢于打破“陈规”，敢于提出新见。他治小学，不滞于形体，而是强调通音韵，明训诂，辨形体。他深化了古人“因声求义”的传统方法，开创了在音义系统基础上的汉语词源学。他继承清代治小学的乾嘉学派，成了最正宗的最后一位小学大师。但他治小学又没有停留在古人研究的已有成果上，还积极汲取西方文字学研究成果，特别接受了德国马格斯平拉学说，致力于建立起具有本民族特色的语言文字学说，在这方面他有三部代表作:《文始》(以明语原),《小学答问》(以见本字),《新方言》(以一萌俗)。在他以前，还没有人这样全面而系统地谈论过，使传统小学摆脱经学的附庸地位，成为一门独立的学说。他与他的弟子黄侃所建立的“章黄之学”，在今天仍代表了小学的顶端。

章太炎也是公认的“经学大师”，即对中国儒学研究的大师。他代表的经学，主要是指史学。他认为心中有史，爱国之心才会不竭。他写了《今古文辨义》《订孔》等著作，把孔子当成一个“教育家”，而不是“大地教主”，反对将孔子神圣化。他推崇“九流”之中的老子、庄子、荀子、墨子等诸子，认为他们从任何角度来看，都比孔子高明。从而将孔子从历代皇帝加封的圣坛上赶了下来，推翻两千年帝制的思想基础，从而带来了思想大解放，推动了辛亥革命的成功。他对儒家经典作了深入考察，尤其对《左传》《尚书》《论语》的研究，尽了一生努力，完成了《春秋左传读》《春秋左传读叙录》《驳箴膏肓评》《春秋左氏疑义答问》等，让一部《春秋左传》可解可读。他对《古文尚书》作了深入研究，完成了《太史公古文尚书说》《古文尚书拾遗》《古文尚书拾遗定本》。他很自傲地说：过去以《尔雅》释《尚书》，可解《尚书》“十之七八”，后王引之作《经义述闻》，孙诒让作《尚书骈枝》，加上他的《古文尚书拾遗》，一部所谓的“天书”，可通读“十之八九”了。这是他对经学开创性的贡献。

章太炎最出色的应该是他的佛学。他以佛解经，用儒、释、道来构筑自己的思想体系。他认为“不制造出一种舆论，到底不能拯救世人”。他用佛释庄子学说，正如梁启超所说：章太炎“专引佛家法相宗学说比附庄旨，可谓石破天惊”，从而构筑他的平等说、自由说和道德说。他宣扬佛教最重平等，“满洲政府待我汉人种种不平等，岂不应该攘逐”，因此“照佛教说，逐满复汉，正是分内的事”。同时他又提出“用宗教发起信心，增进国民道德”，指出中国的祸根在于道德的败坏，提出“优于私德者亦必优于公德，薄于私德者亦必薄于公德，而无道德者之不能革命”。他借佛学中的精华，致力于国民性改造，创革命道德学说，将神秘佛学变为人学，用于民主革命，这在十九世纪初是很进步的。他发表了《建立宗教论》《人无我论》《无神论》等文章，提倡破“我”“法”二执，抵御“畏死心，拜金心、奴隶心、退屈心”，去除“怯懦心，浮华心，猥贱心，诈伪心”，“排除生死，旁若无人，布衣麻鞋，径行独往，上无政党猥贱之操，下作懦夫奋矜之气”。他又致力于宣传平等论，他说：佛法最重平等，因此人与人应平等，国与国应平等，民族与民族应平等，文化与文化应平等，如果一个人去欺负另一个人，一个国家去吞并另一个国家，一种文化去取代另一种文化，一种意志去强加于另一种意志，如此种种，都是不齐，有违“齐物论”，有违平等，都是文化帝国主义，佛法不容。章太炎进一步阐述说，一个世界应该是多元的，正如庄子所说“无物不然，无物不可”，反对将事物发展简单化、直线化、教条化，提倡以对立统一的观点来对待历史上或现今各式各样的思潮、学派、学说，应包容各种思想、意见、言论，做到“平等自由”。章太炎这些论述，在二十世纪初西方欺凌弱国中国之际，有着非常大的现实意义与进步意义。因此侯外庐称章太炎是中国近世“第一个博学深思的人”，在中国思想史上是具有极鲜明“人格性的创造”的巨匠。

章太炎哲学方面有两个著名论述，一是提倡“俱分进化论”，二是“依自不依他”。他所处的时代，外患入侵，举世滔滔趋附欧风美雨，但他深刻地洞见了“西方现代性”的弊病，拒斥走西方式“现代化”道路，追求“传统的合理化”，要走一条与本民族的文化传统相连接的独特的现代化道路，以“多元主义，历史主化，人文主义”，去应对外来的挑战。“俱分进化论”从表面上看，是指“善亦进，恶亦进”，“乐愈多，苦愈多”，一个社会，一个国家，必“善恶兼进”。现代化与现代文明，虽然解决了许多旧的矛盾与冲突，但又会带来一大批新的问题与冲突。章开沅先生说：“我把俱分进化论的合理内核称之为近代忧患意识，是比较清醒地看到近代文明日益显露的弊病，并且为人类文明发展的前途担忧”，这正好映衬了章太炎思想所具有的深邃性和前瞻性。

章太炎哲学的另一特色就是“依自不依他”，这是他的主体性道德哲学原则，强调“不依靠任何外在力量，一切靠自我，靠自心，靠自己民族，靠自己国家，凭借道德主体意志的能动性、自觉性、创造性、超越性、至善性，满足主体道德需要，促进主体道德发展，不断提升主体道德境界，从而更好服务众生，服务社会，服务世界”，实现个性解放和个性自由。他这种“自贵其心，不援鬼神，从而勇往直前，去干革命”，正是他思想的另一个特色。正如张汝伦先生所说：“章太炎的思想在许多方面达到了至今还无人能超过的深度。”

章太炎的文学成就是举世公认的，宋恕称：“枚叔（即太炎）文章，天下第一”，正如鲁迅先生所说：“战斗的文章是太炎先生最大的业绩”，被称为泣鬼神，惊天地，令清政府与他的政敌丧胆。章太炎文风“取法魏晋，兼宗两汉”，讲究“清和流美”，又“古奥老辣”，反对空谈与形式主义，主张文学的形式与内容的统一，影响了一大批人。他在文学上提倡“文学复古”，即“文艺复兴”，他将文学分为“有韵文”与“无韵文”两种，提出以“质实而远浮华”“直截而无蕴藉”为标准，反对滥用陈辞套语。他的文学主张深刻影响了一大批新文化运动的旗手，陈独秀、胡适、鲁迅、钱玄同都深受他的影响。正如吴文祺先生所说：“太炎先生文章中无一句浮泛的话，一句话中无一个浮泛的字。”他的每一篇文章都受到当时文人追捧，视为范文。可惜他这古奥流美的文章今人竟大多读不懂了，对他敬而远之了。这是国运昌盛了，还是文化素质下降了，让我深感困惑。

至于章太炎在史学上的成就，我仅借用钱穆先生一句话来表达。他说："今论太炎学之精神，其在史学乎？"太炎史学体现在"民族主义，平民主义和文化主义"，他又说："太炎论史，三途同趣，曰归于民族文化是矣。"这是很概括的表述。

对于章太炎在书法上的成就，我也仅借用沙孟海先生一句话来概括。他说："篆学在近三百年来可说是极盛时代"，"太炎的篆书风格，高淳朴茂"，是属于"古文字学别派"，是书苑中"一朵斗大的鲜花，是值得我们推崇与学习的"。

在众多学术研究领域中，章太炎最喜爱的还是医学。有人问他：您最喜欢而擅长的是什么？他不假思索地说：是医学。有人认为这是章太炎的戏言，我认为，他的回答是诚实的。他出生于三代世医的中医之家，包括他的老师俞曲园也酷爱医学，这一切对他的影响是巨大的。他从小跟父兄学医，也花了很大精力收集历代古验方，仅他抄录的历代验方就有近四百种，几乎涉及所有医典，其中许多验方，今人都未见过。加上他精通小学，阅读历代医书，比一般人有更多收获。他在中年已收购宋明医典精籍多达七十多部，这是一般医生都无法与他相比的。他治医学，不仅从传统中医着手，还十分注意从当时西方文化与科学中去汲取营养，特别从西方的解剖学、生物学、生理学、细胞学中去汲取养料，成为中国少数能以全新思维诠释中国古籍中生物变异的学者。他认为用"五行六气"之类解释医学，"徒令人厌笑"，他赞成"中医革命"，但也反对"废止中医"。他一生写了许多医学论文，仅我为他所编的《章太炎医论集》就收录了一百四十多篇，有医理的讨论，医术的研究，病症的论述，医籍的考证，有相脉论气，有论温寒暑湿，融合中西之说，有许多独到之处。章次公先生说，“民族革命之导师余杭先生，亦即国医革新之导师”，这是很精确的评论。如果不是民族危机在前，章太炎不得不去救亡图存，他恐怕也会去当一个良医。他一生就是在“上医医国，下医医人”之中沉浮。

前些年，我看到学苑出版社出了一本《章太炎先生论伤寒》，这是根据我编的《章太炎医论集》中涉及伤寒文字编成的一部新书，著名的中医文献学家钱超尘教授为此书写篇《释要》，达五万多字，高度评价章太炎在医学上的成就，他可以说真正读懂了章太炎的医学思想。同样，真正读懂章太炎小学、经学、诸子学、佛学、哲学、文学、史学、书学的人又有多少呢？章太炎给我们留下的真正是一座富矿，等待我们后代去继承与开发。

章太炎作为“国学大师”，作为一个学问家，他代表的国学，决不是什么旧文化，更不是腐朽的东西。他一生努力在构建中国自己的文化体系，以抗衡外来文化的侵蚀，他终生致力于中国特色话语体系的建设，而防止其被西方文化吞噬。他觉得没有比自己的文化与传统被外来文化与传统吞没更可悲的事了。所以他站在中国语言文字学、经学、诸子学、佛学、文学、史学、哲学、医学等领域，构建中国自己的学术文化，这就是他所代表的国学。中国近代还没有一个学问家能在这么多领域，被这些领域的权威公认为是大师，他在这些领域都有开创性的成就，可以说是绝无仅有的。这不是溢美，而是我们必须去继承的文化遗产，这样我们这个民族才能薪火相传，才能繁荣，才能崛起！

四、纪念章太炎是振兴中华的需要

章太炎身上集中了三股精神，第一是炽热的爱国主义精神；二是永不屈服的不断革命精神；三是对民族文化的继承与创新精神。这三股精神，恰恰是今日振兴中华，实现民族复兴，成就“中国梦”最最需要的精神。面对世界竞争的大格局，创新是最最重要的使命，如果没有文化创新能力，科技创新也行之不远。文化观念的变革，是经济发展的基本动力，一个民族的创新动力足不足，关键看文化创新动力足不足。这就需要我们高扬爱国主义旋律，不断增强做中国人的骨气与底气。要树立正确的历史观、民族观、国家观、文化观，抵制一切以洋为尊、唯洋是从的历史虚无主义，这就需要传承和弘扬中华优秀传统文化，培育与弘扬我们民族的核心价值。当年的丝绸之路，当年的郑和下西洋，给世界带去的不仅仅是中国的财富，还有中国的核心价值，让世界敬重你，愿意服从你。在王道与霸道之中，我们中华民族更讲究王道。

从一百多年前，中国近代第一代知识分子追求的就是振兴中华，章太炎就是近代中国仁人志士的代表，是中国文化的代表，我们必须以他们为榜样，培养中国精神与中国风骨。如果我们这一代人，连《红楼梦》也读不通，连章太炎也不了解，或仅仅知道有个“章疯子”，他敢骂光绪皇帝为小丑，敢戴了大勋章闹总统府……如果我们民族文化素养与国民素质下降到如此地步，即使一天天富起来，终会成为脑壳扁扁的“巨人”，最终还会重蹈失败。

广播里不断在重复，我们需要有自己的先驱，需要有自己的英雄，需要有自己的创新家，需要有自己的思想家……但我们又太多强调“大一统”，太多强调“求同”，又太健忘历史，这是不利于我们振兴与崛起的。我写《我所知道的祖父章太炎》，不仅仅是在“尽孝”，更是要我们不要忘记自己的历史，不要忘记自己的先驱，不要忘记自己的英雄，应该以先人为榜样，站在先人的肩上，去超越，去实现世世代代中国人的理想。

《章太炎全集》的内容与贡献*

《章太炎全集》(下称《全集》)历经四十年，经几代学人与出版人努力，终于问世了，给今后人们翻越章太炎这座大山提供了机会，人们对此无不喜悦称颂。章太炎在中国近代政治史、思想史、学术史上都是一位绕不过去的人物，但研究他又实在太难，所以一般人都采取了绕之而行的态度，这样研究的结果，也一定是不完整的，不厚实的，从而影响了我国学术文化的总体水平。而《全集》的出版有望改变这种状态。从这一点来讲，实在是我国文化建设上一件好事。

但说实话，一般的民众很难读得懂《全集》，因此应该首先予以普及教育，应该有个导读，让人由浅入深地去了解《全集》的内容与贡献。而我恰恰参与了《全集》出版整个过程，有责任来做这项工作，将这段历史记录下来。

---

* 本文原发表于2018年2月14日《中华读书报》。

一、出版概况

1978年，“文革”结束之后，人们迫不及待“拨乱反正”，追求新的生活。国务院恢复了“古籍整理出版规划领导小组”，由李一氓先生担任组长，决定首先出版十个历史人物的全集，首先从历史人物身上“拨乱反正”，以正视听，恢复历史真貌。这十个历史人物中就有我的祖父章太炎先生，并责成其全集由上海人民出版社出版。在当时中国，一个人的全集是不可以随便出版的，是要国家批准的，是一件严肃的大事。

于是我祖父的弟子——山东大学王仲荦教授，带头四处奔走，组成了一个《全集》整理团队，共三十个人，其中有三分之二以上是章门弟子，也有多位研究章太炎的著名专家。大家作了分工，大多数人只负责点校一两个部分，也有积极性高的，一人认领了五六个部分以上。如姜亮夫先生负责点校一个部分，但他表示年老精力不济了，于是让他弟子崔富章先生代完成。如汤志钧先生，是研究“章学”专家，他承担的任务最重，除《诂经札记》外，还有《书信集》《电稿集》《译文集》《文录续编》等，这些都是要长期广泛收集与编订的。我作为“家属代表”也忝列其中，给我的任务是编《演讲集》与《医论集》，要从祖父一生著述中去一一收集编订，最为冷僻，能否成功，要看自己造化。我作为“家属代表”，是祖父众弟子意见，他们希望“章门”不致断后，而不是真正所有家族成员的意见。

《全集》从1980年起步，上海人民出版社编辑与专家到我们家收集资料与拍摄照片达数月，做了大量工作。到1994年，先后出版了八卷。由于市场出现了“经商大潮”，文化市场严重萎缩，又因为成本、人力等因素，《全集》被搁置了起来。加上王仲荦教授作古，群龙无首了——虽然《全集》没有设立“主编”，但仲荦教授实际起到了主编的作用——《全集》因此陷入困境。

经过三十年改革开放，市场重新活跃起来了，我们的家乡——浙江余杭变化发展尤为惊人，经济上去了，文化也不甘落后，先后办了几次太炎精神研讨活动。章太炎的学术与精神，原属文化高端范畴，现在家乡也愿意弘扬了。于是我撮合余杭区政府与上海人民出版社共同出版《章太炎全集》，双方一经接触，一拍即合，于2012年达成了合作出版协议，成立了“全集”的学术委员会，许嘉璐先生慨任主任；又成立了工作委员会，余杭不仅出钱，更起了重要的工作推手作用，与上海人民出版社先后召开了二十二次各类会议。直至2017年4月，二十册《全集》终于出齐，9月在北京召开了发行会与学术讨论会，宣告合作成功。

当年余杭区委宣传部王姝部长等专程去北京邀许嘉璐先生出任学术委员会主任时，许先生说：“出太炎先生全集是大事，也是难事。”当时大家对此话的认识也许是不足的。在以后五年的实践中，大家才真正深有体会。这二十册全集，可以说是逼出来的，也是被赶出来的。出版分成了三个阶段，第一阶段是修订重印前八卷；第二阶段是出版《演讲集》《〈说文解字〉授课笔记》

《译文集》等五册；第三阶段出版《文录补编》《书信集》等七册。出版工作的重头戏是原汤志钧先生承诺整理出版的部分，他无暇顾及了，该由谁来承担，这不仅涉及点校，还涉及收集整理，没有二三十年功力是编不出来的，稍有不足，又会招来铺天盖地的批评。这么多卷全集出版，编辑力量够不够，能不能把好关……这就是出版的难度。

幸好中国社科院近代史所马勇先生勇于承担，先后完成了《书信集》二册，《文录补编》二册，《译文集》一册等多种，这都是前人没有编订过的，这好比演戏救场，使《全集》得以圆满画上了句号。马勇先生还承担了太炎先生六七种著作的点校，贡献实大。虞云国先生等也参与点校整理。责任编辑张钰翰先生一人完成了超过一半的编辑，作出了比较大的贡献。

《全集》出版可划分三种。第一种是原有的大部头著作，只要组织点校即可；第二种是将几部单独的著作合并成集，也只要加以点校即可；第三种是将散落在各处各地的著述收集起来，编成如《演讲集》《书信集》《医论集》《文录补编》等，再加以点校。

《全集》按计划应该编二十册，十七种，现在虽也出版了二十册，独缺太炎先生最重要的《佛学集》，实际出版了十七种，其中用一本《附录》代替了《佛学集》。《附录》不是太炎先生著作，是纪念太炎先生的一些文章及研究太炎先生的著作目录，很有阅读价值。《佛学集》的手稿原长期收藏在我们家中，在出版社与专家来我们家拍摄照片期间，大家承认都见过这一包手稿，但就这样不翼而飞了，后来听说出现在日本某大学。

二、《全集》每一卷的主要内容与价值

如果按时间先后与种类划分，应该有以下十七卷。

第一卷:《膏兰室札记》

这一卷是太炎先生早年在杭州诂经精舍跟随俞曲园先生等读书期间的读书札记，有《膏兰室札记》三卷（缺第四卷，原为太炎先生弟子收藏，后被其后人拍卖，暂不知去向。这一卷主要是读诸子的札记）。《诂经札记》是读书的“课艺”，也就是当时作业。《七略别录佚文徵》也是读书期间的写作。这些文字均为章氏家族旧藏，属第一次公开发表。

从这卷文字中可以看到年轻的章太炎对古代文献的刻苦钻研，对群经的考证，涉及之广，研究之深，奠定了他一生的学术基础。太炎先生七岁开始读书，由他外祖父亲教，至十三岁改由父亲亲授，已对传统文化打下了扎实的基础，二十三岁入诂经精舍全面深造，到1896年，二十九岁离开诂经精舍。这一卷内容，就是太炎先生读书期间的习作，他一生的许多重要著作，就是在这期间形成了雏形，是研究他学术思想的重要文献。

《膏兰室札记》25.2万字，由沈延国先生整理校点，余二篇由汤志钧先生校点。均为第一次公开发表。

第二卷:《春秋左传读》

这一卷是太炎先生早年读书期间（1896年前）完成的第一部专著，他“承袭乾嘉汉学传统，熟练地运用前人文字音韵学成果，广泛地对《左传》和周、秦两汉典籍进行比较研究，在考订诠释《春秋左氏传》古字古词、典章名物、微言大义方面，提出了不少精到的见解”。全著50万字，由姜义华先生整理点校，收集了各种版本与稿本，一一加以梳理与校勘。

《春秋》是中国儒学“六经”(《易经》《诗经》《尚书》《礼经》《乐经》《春秋经》）之一，记载了当时历史，孔子删《春秋》，希望以史为鉴，“使乱臣贼子惧”，是重要的历史文献。《春秋》全书1.6万字，记事1800多条。《春秋》有三传，分为《公羊传》《穀梁传》《左传》，前二传系今文经，后者为古文经。太炎先生是古文经学派，故作《春秋左传读》，希望对这一经典加以系统梳理。

收入第二卷的，还有两篇相近的文章，即《春秋左传读叙录》和《驳箴膏肓评》，也由姜义华先生点校。《春秋左传读》与《驳箴膏肓评》均为第一次公开发表。

第三卷:《訄书》

《訄书》是太炎先生早年最重要的作品。他在离开诂经精舍之后，踏上了救亡道路，先后在《昌言报》等报刊从事笔政，发表了许多文章，反映了他从维新、改良到革命的心路变化。《訄书》是他第一本自编的文集，以后他又随思想变化，删改文集。初版《訄书》形成于1900年前后，删定的《訄书》形成于1902年前后，辛亥革命后，又将《訄书》增删为《检论》。该书讨论了中华民族的起源，“六经”的形成与内容，古代中国的思想学说史，中国的人口、语言、文字、心理、宗教、风俗等社会问题，提出了制度改革的设想，对历史人物的评价，总结辛亥革命的教训等。这是一本公认的阅读难度极高的文集，由朱维铮先生精心校点，收录了《訄书》初刻本、《訄书》重订本、《检论》三个版本，并作了细勘细校。全书44万字。毛泽东生前很赞赏《訄书》，这里面有跟他相似的反抗精神，他在生前最后日子，还嘱印《訄书》大字本送他阅读。

第四卷:《国故论衡》

《国故论衡》是太炎先生1906年自上海出狱后，东渡日本，至1911年流亡日本五年中，对中国传统文化的系统论述，他把中国传统文化称之“国故学”，即今人称的“国学”。他从小学、文学、诸子学三个方面论述了中国传统文化的精义，精辟而充满新意，被人称为五百年来第一巨作，让胡适等学人都拜倒在他的门下，自认为他的“私淑弟子”，可见影响之大。

太炎先生学问首先在于他精通“小学”，即音韵文字学，尤其精通音韵，他继承清代“以音求义”的治学路径而有所发展，对文字的形义与训诂一目了然，所以他治学比人高出一筹，收获超过众人。世称“枚叔文章天下第一”，其对文学的研究也充满新意。他早年对孔子有众多批评，将孔子从几千年的“大智大圣”的宝座上拉了下来，在思想上结束“儒学”独尊地位，适应了推翻清廷统治的政治需要。他重视长期以来被忽视和贬低的庄子、荀子、墨子等诸子，推动了“诸子学”的复兴，认为从任何方面来讲，地位不在儒学之下，开启了“五四”前后的思想大解放。

《国故论衡》有“先校本”与“校定本”，共22万字。“先校本”由王培军点校，“校定本”由马勇先生点校，让今人可以一览《国故论衡》的全貌。“校定本”是在“先校本”基础上进行较大改动的本子，“先校本”由周振鹤教授提供，系第一次面世。

第五卷:《新方言》《文始》《小学答问》等

这一卷集结了太炎先生论音韵文字学的几部力作。《新方言》与《岭外三州语》由蒋礼鸿先生点校。《文始》由殷孟伦先生点校。《小学答问》由殷焕先先生校点。还收录了《说文部首均语》与《新出三体石经考》，由钱玄同先生抄录。全书30万字。

学术界公认太炎先生学术成就最高的是“小学”，即音韵文字训诂学。他精读《说文》数十过，九千个汉字个个了然于心，熟悉每个汉字的读音与沿革，所以研读经典会比一般人有更多收获。这几部著作都完成于1911年之前，即他流亡日本期间，其影响力至今没有消歇。他与弟子黄侃，都是被公认的“小学大师”，他们之间有继承，有发展，形成了“章黄学派”，在音韵文字学方面至今保持着领先地位。《新方言》《文始》《小学答问》三书是太炎先生“小学”的最重要的代表作，也是治音韵文字学的必读书。

第六卷:《齐物论释》《庄子解故》等

这一卷主要集结了太炎先生对诸子研究的重要著作。《齐物论》是庄子的著作，太炎先生用佛学去解读庄子，使儒、道、佛相结合，加以融会贯通。他借用古老的学说，去宣扬和解释现代的平等自由思想，使传统经典焕发出现代新义。他对自己这部著作自视很高，称“千年未睹”“一字千金”。《庄子解故》《管子余义》也都是1911年前在日本流亡期间完成的著作。

该卷还收录了太炎先生的《广论语骈枝》《体撰录》《春秋左氏疑义答问》。体例上似乎与前面三种不合，今后如出《全集》修订本，可以另外归类。《春秋左氏疑义答问》，是他对早年《春秋左传》研究的补充，凝聚了他一生的智慧。

《齐物论释》《齐物论释定本》由王仲荦先生点校。《庄子解故》由朱季海先生校点。《广论语骈枝》由陈行素先生校点。《体撰录》由沈延国先生校点。《春秋左氏疑义答问》由崔富章先生校点。全书24.4万字。

第七卷:《菿汉微言》《太史公古文尚书说》等

这一卷收录太炎先生八种不同内容的作品。全书27万字。

《菿汉微言》是他1914年至1916年被袁世凯囚禁北京钱粮胡同期间，与弟子吴承仕先生论学的记录，共一百六十多条，内容多涉玄学。《菿汉昌言》也是以论学形式写的札记，也是在他失去自由的1925年至1928年之间，只是由他自己记录。《菿汉雅言札记》，是他弟子但焘记录的太炎先生论学的笔记，这些也可称为太炎先生“口义”。这样的口义，还有徐沄秋先生记录的《先生语录》九十条，孙世扬先生记录的《语录》十七条，还有太炎先生自己记录的《菿汉闲话》，可惜这三个部分收录在《文录续编》《文录补编》之中了，今后若出修订本，可归于同类。这些口义或论学记录，生动精炼，内容丰富，是他对中国整个学术文化史的思考，还没有引起学术界的广泛重视，这是个文化宝库。“菿汉”也是太炎先生的号。这三种著作都由虞云国先生校点。

《刘子政左氏说》是太炎先生流亡日本期间的著作，是他对《春秋左传》研究的继续。《太史公古文尚书说》《古文尚书拾遗定本》是太炎先生晚年对“六经”中的另一部经典《尚书》研究的力作。他作为“经学大师”，早年致力于对《春秋左传》的研究，晚年致力于《古文尚书》研究，自诩在他之前，人们对《尚书》仅能读懂十之六七，而他的这几部著作问世，终可让人读懂《尚书》的十之七八了，“胜于清儒”，是他一生的又一大贡献。太炎先生晚年致力《古文尚书》研究，有洛阳出土《三体古经》的刺激，新史料引发了他的研究。这三部著作由马勇先生点校。

《清建国别记》是太炎先生1924年的作品，是他对清朝建国史的力作，也是他史学研究的代表作。与他的《尚书》研究一样，他善于运用新史料，因有故宫“搜出旧档案数百麻袋”，而有《清建国别记》一书的问世。此著是研究“清史”的必读著作，由马勇先生点校。

《重订三字经》是太炎先生晚年作品。《三字经》是历代启蒙读本，内容涉及整个历史，太炎先生重订这本读物，以新史观启蒙孩童，增订三分之一，更订百分之三四，以合时代之需。这部著作也是由马勇先生点校。

第八卷:《太炎文录初编》

《太炎文录》分为“初编”“续编”及“补编”上下册，共四卷。《文录初编》出版于 1916 年，收集了太炎先生大部头作品以外的大量诗文。鲁迅先生说:“太炎先生的战斗文章，是太炎先生的最大业绩。”而这些代表太炎先生的文学观、史学观、哲学观、政治观的文章，则散落在《太炎文录》之中。

《太炎文录初编》收集了太炎先生辛亥革命前后的各种文章，《文录》一百二十七篇，《别录》三十九篇，《补录》八篇，许多重要的政论文和学术文都收于其中，是研究近代政治史和学术史必读之作。本卷由钱玄、张芷、祁龙威、程敦复、王子慧、汤炳正等参加校点，徐复先生综合复校，总其成。全著 35 万字。

第九卷:《太炎文录续编》

《文录续编》成书于 1938 年，即太炎先生逝世后二年，由他弟子孙世扬先生编订，得黎元洪之子黎重光资助出版，收录了《文录初编》未收的各种文章一百七十多篇，韵文诗歌六十七首，但没有收录书信。《续编》以太炎先生晚年著述为主，极有研究价值，要全面了解太炎先生，不能不读此书。此著28万字，由黄耀先先生总负责，饶钦农先生与贺庸先生点校。

《文录》中确有许多他为各种人物写的墓表、墓志、寿序等，曾被讥为“为富人写文章”。太炎先生一生以讲学与卖文为业，免不了为各种人写这些文字，但他并不因为卖文而失人格，依然坚持实事求是，扬善抑恶，是非清楚。他为有些人写传，如被蒋介石暗杀的史量才等，他不仅敢为他们写传，而且分文不取。

第十卷:《太炎文录补编》上、下册

补编太炎先生文录，一直是社会的期待，编全集最难的就是要将一个人一生中散落于各处文章按类收集起来，这工作没有二三十年功力，没有一个全面了解与搜集，是做不到的。在《太炎文集》初编、续编基础上，马勇先生编了《太炎文录补编》，收入了从1894年至1936年太炎先生散落于各处文章四百多篇，共66万余字，按时间先后排列，提供给广大读者全面阅览太炎先生众多著述的机会。这些文章反映了太炎先生一生的思想、政治主张、学术心得……弥足珍贵。这二册新编是第一次面世。

马勇先生说：太炎先生是令人崇敬的人，他在做研究生时，就跟朱维铮、姜义华先生研究太炎先生，几乎花了他一生精力，收集相关资料，终于编出了太炎先生《文录补编》上下册，《书信集》上下册。这中间一定有疏漏，有不足，但可以无愧地说——我们尽力了。是的，参与《章太炎全集》编订校点的人，也许都没有太炎先生的水准，没有像他这样伟大，但大家都尽力了！

第十一卷:《书信集》上、下册

这一卷是太炎先生的书信集与电文集，共上下二册，82 万多字。除了书信以外，还包括了电文，都是第一次面世。这是了解太炎先生与研究太炎先生最重要的第一手资料。一个人的书信往来与电文往来，最能反映他的思想，最为史学界所重。

太炎先生繁忙丰富的一生，与人的通信与电文，是他一生最重要的组成部分之一，也是当时人们交流交往的最重要的手段。收集他散落在各处各人之间的信件与电文，又是最困难的。但马勇先生收集了近千通手札与电文，实在是不容易的，而且编订体例很好，按受信人为单元；受信人之先后，按各受信人所收到第一封信的时间先后为准；同一受信人如收到多封信函，又以信函的时间先后排列，又尽量提供注解，便于阅读。这近千封函电，涉及近三百人与单位。如致孙中山函 28 通，致钱玄同函 59 通等。当然一定还会有许多遗漏，后人就是在这基础精研精进，这是历史发展的必然。

第十二卷:《演讲集》上、下册

演讲是太炎先生一生极其重要的组成部分，从 1906 年到 1936 年，他的学术演讲与政治演讲，我收集到的超出 170 多次，这些演讲都是有时间有题目，但我精力所能实际收集在《演讲集》中的演讲只有143篇，70多万字。有的演讲较短，只有百字左右，有的演讲多达数万字，但都反映了他的政治主张与学术观点。太炎先生的政治经历复杂，他的学术文章艰涩，所以研究太炎先生，不妨从读《演讲集》入手，因为文字比较通顺。他的大部分学术著作都是在讲学基础上形成的，或形成后再演讲加以发挥的。

我编订校点《演讲集》用了较长时间，前前后后花了十多年。虽然祖父去世后，他的弟子为他编了著述目录，但演讲部分只有30多篇，实在不能代表他的一生。我只能去研究他全部经历，依他每月每日经历去寻找他的演讲与医论，去图书馆等处一本一本杂志与报刊细细阅读，去加以收集。由于一个人的精力与能力有限，一定会有遗漏，但我把我所知的演讲线索都写在《前言》中了，希望后人去加以完善，这就是中国人的传统与美德，即“后死之责”。

第十三卷:《说文解字授课笔记》

我在收集祖父《演讲集》时，知道他1906年出狱后，流亡日本期间，创办“章氏国学讲习会”，聚众讲学。讲学非常系统广泛，很著名的《民报》社讲学，只是他众多讲学地点中的一个。太炎先生为钱玄同、朱逷先、鲁迅兄弟、许寿裳等八人在《民报》社开“小班”，系统讲了《说文解字》等。

于是我就去收集他们的听课笔记，先在几个鲁迅纪念馆见到鲁迅先生听讲笔记残页，当然我是看不到借不到的，所幸上海文化局长方行先生帮我复印到全部笔记。但笔记不全，而且他仅听了一遍，而钱玄同与朱逷先起码听了二三遍，于是我又去钱玄同先生大公子钱秉雄先生家寻访，他竟毫无保留毫无条件地把刚刚发还的十五册笔记交给了我，他说还有一本没发还。我感动地将稿本带回上海，一一复印了下来，又赶紧将原稿送还给钱秉雄先生。

面对一大堆的讲课笔记，我实在没有水平整理，于是我只好请“章黄传人”陆宗达教授承担了，因为他还带了一群弟子。于是我将钱玄同与鲁迅笔记交给陆先生，他慨然接受了委托，实际上所有的整理工作是王宁教授及李国英教授、李运富教授、万献初教授等，加上不少研究生共同完成的，抄录则是梁天俊先生完成的，先后花了十多年，逐字逐句整理，逐字逐句抄录，终于完成了这部 50 多万字的《授课笔记》。

这部《授课笔记》可以说是清以来最完整最权威的一部《说文解字》诠释，逐字逐句将许慎收录在《说文》中的九千多个汉字，一一作了讲解，对每个汉字的来历、对其音形义加以详释，每一字之后抄录了钱玄同、朱逷先、鲁迅三人的笔记，是太炎先生几代师生努力的结晶，有很高的学术价值。

第十四卷:《医论集》

有人问太炎先生，你的学术成就中什么是最高的？他总回答说：“我医学第一，小学第二。”很多人认为太炎先生是在开玩笑。其实太炎先生一生最钟爱的是医学，他出生在三代世医之家，从小耳濡目染，对医学的爱好，对医学的钻研，一点不比一般医生差。加上他小学功底深厚，决定了他阅览历代医学文献，收获自然比一般人高。只是他深受传统文化熏陶，从小受“上医医国，下医医人”“不为良相，即为良医”观念的影响，走上了救国道路，奋斗了一辈子，到了晚年发现国医当不成，退而医民，退守他的医学研究，先后担任了三个国医学院院长。当时中医与西医双方阵营最有影响的代表人物，居然都出于他门下。

太炎先生论医的文字，散落在众多著作与论述之中，在他文录、演讲、书信、眉批中均可见到，收集工作十分困难。我接到编医论集任务时，手中只有一本家印的《猝病新论》，收录了他的医论三十八篇，远远不能代表他医学的全部。于是奔走多个医学院图书馆，终于搜集了一百三十多篇，经反复考证编订了《医论集》。全书 37 万字。但这些文字太专业了，超出了我的知识范围，于是我请上海中医文献馆潘文奎教授组织同仁校点，他欣然接受，认真完成，又请上海最权威的姜春华教授一一阅正，终于让祖父的医论集得以面世。

社会各界读了《医论集》都很震惊，认为太炎先生为中医研究提供了活水，他对张仲景《伤寒论》及《黄帝内经》的研究为相关领域提供了一个富矿，甚至有人将章太炎《医论集》中论伤寒的文字抉取出来，编成出版了《章太炎论伤寒》一本新书。许多医界人士惊叹说，太炎先生抄录的几千种历代验方，其中许多方剂我们都不曾见到过，可见太炎先生在医学上用力之深。上海中医史研究团队，甚至将太炎先生列为近代中西医汇通派的创始人。这一切又证实了太炎先生医学的精深博大。

第十五卷:《眉批集》

2012年，齐鲁书社出版了《章太炎藏书题跋批注校录》，序言中提到：暨南大学收藏的太炎先生生前藏书“290种，3930册”，“其中有《百川学海》等11部明刻本，加之清乾隆以前的刻本，属善本范围者28种”，“其中经太炎先生批注、阅读、题签的书籍有60余种，600余册，批语、序跋、题记近800条”。这么一大批价值连城的资料，怎么会跑到暨南图书馆？该书序言中仅仅在注解中写了小小的一行字：“20世纪80年代初，承著名史学家暨南大学陈乐素教授引荐，章氏后人将太炎先生藏书分批捐赠暨南大学”，这“章氏后人”到底是谁，也无说明，其实是我父亲章导，大概他收过“捐款”，所以连名字也不必写了，书出版后连一册书也没有必要送家属了。好在上海人民出版社出《全集》时向齐鲁书社买下了版权，纳入太炎先生全集之中。马勇先生又补充了太炎先生过去公开发表的20篇“诗文题跋及批注眉批”。我又补充了一篇《二程全书校评》眉批，全文3万多字，由沈延国先生抄录点校。这部书怎么会留在我家，成了漏网之鱼，我记不得了，大概这部眉批是祖父校评最长的一部，我带回了家读，连沈延国先生抄录稿也一起带回去了。其实家中“捐出去的”三千多册书的眉批，父母早请人抄录过了，不知父亲是否将这些抄稿一起“捐出去”了。

眉批是太炎先生学术研究的另外一重要部分，学术价值与他的其他著作一样重要。所以齐鲁书社出这本书时获得国家教育部“直接资助”。先祖父一生的眉批面世，让后人可以阅览，也总是好事。《眉批集》的三个部分，总字数达 38 万。

第十六卷:《译文集》

《译文集》收录了太炎先生译作三种。第一种是《斯宾塞尔文集》，译于 1898 年。斯宾塞尔是英国著名哲学家，被誉为“社会达尔文主义之父”。第二种是译自日本学者岸本能武太的《社会学》，系统介绍了人的起源、社会的形成、性质、发展、目的等社会问题。完成于 1903 年。第三种是由苏曼殊翻译，经他“增削”的《拜伦诗稿》。这些人都是当时社会影响最大的西方人物，太炎先生一辈子如饥似渴向西方学习，向时代进步人物学习，并把他们的代表作介绍到中国，如严复等人也是如此，他们决不是迂腐、落后、愚昧、守旧的“冬烘先生”。他们不是只懂国学，不知西学。

太炎先生弟子说，太炎先生还翻译过《希腊罗马文学史》，他们也曾亲见，后被长沙章氏收藏，即他的盟兄章士钊收藏。章士钊后人也不否认他们家收藏不少我祖父的资料，还希望我协助整理，但我无暇去从事此事。

《译文集》全文 8 万字，由马勇先生编订校点。

《全集》虽然要求“全”，但“全”是很难做到的。《鲁迅全集》出版八十多年了，还经常有所增订，后人一定会增补《章太炎全集》，修订得越来越好。

第十七卷:《附录》

《附录》不是太炎先生自己的著作，附录了他去世以后人们对他的唁电、唁函、挽联、祭文等，这些文字都发表在1936年。1936年到2016年，这八十年中，人们对他纪念的文字，研究他的著作与论文目录，陈学然先生编了《章太炎研究文献书目初编》，收录了目录三千多篇，长达二百多页，从中可一窥世人对太炎先生研究的概貌，可作为对《全集》的导读，与《全集》有着密切关系。

《章太炎全集》二十册，不仅把他著作集中起来了，而且发表了许多新内容，对研究太炎先生的小学、经学、诸子学、佛学、哲学、文学、史学、医学有极大帮助，对研究中国近代政治史、思想史、文化史有着很大用处，阅读这二十册著作，可以帮助我们翻越公认的章太炎这座大山。

写于2017年10月2日，时年七十五岁

王仲荦与章太炎*

二十册的《章太炎全集》(后称《全集》)，历经几代出版人与专家的四十年努力，终于面世了，这是学术界的一件大事。人称章太炎研究与著作出版，如同攀登大山，没有功力没有毅力是翻不过这座大山的，而《全集》的面世，为后人翻山越岭提供了方便，实在是件幸事。

欣喜之余，人们不禁缅怀起《全集》的推手——实际的主编——王仲荦先生，他虽然1986年就去世了，但他对《全集》的贡献不在他人之下。

仲荦先生是先祖父太炎先生晚年的入室弟子，是先祖父众多弟子中最忠厚朴实的一个，也是对"章学"和《全集》出力最多的一个。

这一段历史世人也许不甚清楚，我有责任把这段史实记录下来。

---

* 本文原发表于2018年5月25日《文汇报·文汇学人》。

与太炎先生交往史

王仲荦先生（1913—1986），浙江余姚人，也有人称他是浙江绍兴人，历史学家，历任山东大学历史系主任等，国务院古籍整理出版规划领导小组成员，国务院学位委员会评议员，“二十四史”点校者之一，代表作有《魏晋南北朝史》《隋唐五代史》等。他是太炎先生晚年入室弟子，有的文章说他十三岁就师从太炎，据我所知，完全不是这样，这里有一段有趣的故事。

先祖父一生对蒋介石与国民党不抱好感，1927 年“北伐”成功，上海成了国民党天下，蒋介石发动“四一二”叛变，屠杀工农，又“通缉”六十二名“学阀”，开始清算异己，先祖父即名列第一。于是先祖父不得不迁居，从比较偏僻的“南洋桥”搬到比较热闹的市中心——同孚路（今石门一路）同福里八号，这是石库门式的里弄，八号是弄底第二家，比较僻静。先祖父在八号居住时间不多，因为遭通缉，他大多时间匿住虹口日租界的“吉住医院”。

经先祖父的老战友张溥泉、于右任、居正、丁惟汾等疏通，他终于有了点自由，可以回到同福里八号，让他在家“闭门思过”。但他又不好好“闭门思过”，忍不住又攻击当局，声称“袁世凯个人要做皇帝，他们（国民党）是一个党要做皇帝。这就是叛国，国民应起而讨伐之”。结果他又一次遭到“通缉”，只好躲到他姨娘家中藏了起来。直到 1930 年，蒋介石忙于蒋桂之战、蒋冯之战、平张发奎之叛、唐生智之战、石友三之战、中原大战，又忙于应对汪精卫与“西山会议派”，渐渐放松了对先祖父的讨伐。

1930年，我们家从同福里八号悄悄搬到弄底的十号，这幢房子比八号大了一倍半，先祖父这个时候才真正住在同福里了，但还没有太多自由。我们家面对面住的就是王仲荦先生家。

王仲荦先生家庭条件优沃，是民族资本家，先在上海开了三家自来火厂，后迁到开封。王仲荦先生父亲叫王敬甫，育有三子女。老大王仁勋继承了家业；老二就是王仲荦，属牛，人们昵称他“阿牛”，他选择了从事文学；老三王雪芳，是女儿，选择了当老师。王仲荦先生在1928年前后可能就见过太炎先生，他与妹妹隔三岔五就会往我们家跑。那时我父亲十岁，叔父才四岁，与仲荦先生兄妹年龄相仿，成了玩伴，我父亲一直称他“阿牛哥”。但仲荦先生真正从学先祖父大概是1930年以后，大概十七岁前后，决不是十三岁。先祖母十分喜欢仲荦先生，觉得他聪慧、勤奋、忠厚，见他经常来向先祖父问学，就向先祖父建言：“不如将他收下当学生吧。”先祖父也觉得“孺子可教”，就同意收他为弟子，办过正式拜师礼，教他精研史学，于是他从文学转向史学，可以说朝夕相处。他边受业，边照顾先祖父起居，是真正入室弟子，一直到先祖父去世。

1934年，先祖父迁居姑苏，兴办“章氏国学讲习会”，这类似“研究生院”和传统的“书院”。仲荦先生正值从上海正风文学院毕业，就跟先祖父到苏州边受业边助教。他在苏州就住在先祖父义兄李根源家中，与李希泌先生为伴。李希泌也是先祖父晚年弟子，但资历要晚于仲荦先生。李根源先生原是云南“讲武堂”校长，北洋政府期间任过“代总理”与“陆军总长”。仲荦先生后来在抗战期间，以及解放后在北京从事点校“二十四史”过程中，都与李家过从密切。

在苏州“国学讲习会”中，先祖父是主讲，还有几十个弟子作为助教，这名录中就有“王牛”一人，即是王仲荦先生。他一边助教，一边随先祖父学习，作了大量笔记。1936年6月先祖父逝世。1937年苏州沦陷，“章氏国学讲习会”停办，先祖母率弟子与学生在上海续办“太炎文学院”。仲荦先生随先祖母到上海，续在“太炎文学院”任教，至1941年“太平洋战争”起，上海也彻底沦陷，“太炎文学院”停办。仲荦先生赴云南，投奔李根源先生，担任李的私人秘书。

仲荦先生追随先祖父时间最长，与我们家关系最密，关系介于师生亲属之间，是先祖父众多弟子中唯一一个我们可以与他随便说说笑笑不讲“规矩”的人。他笑口常开，又口吃，高度近视，为人木讷，与人亲近。他只要一来我家，我们兄弟姐妹会一拥而出，与他嬉闹，没大没小。当时他结过婚，好像是先祖父弟子余云岫女儿，后早逝了，于是大家又给他介绍对象。一次他与刚结识的对象去看电影，在电影院门口被挤散了，结果他跟了另一个女子进了影院，一边看还一边帮她作翻译，等到电影结束，灯光大明，才知道弄错了。这让我们听得捧腹不已。这都是1949年前的旧事了。

解放后他到山东大学任教，是国内第一批准予带博士生的导师，当时山东大学仅有二人有此资格。他两次调入北京，参与点校“二十四史”，先后九年有余，享有此殊荣的也是不多的。这期间他与先祖母联系最密，讨论最多的是怎样出版先祖父全集。他是先祖母唯一可以信赖与托付的人。

为《章太炎全集》奔走

1936 年先祖父去世后，先祖母一直守着先祖父的遗稿，时时刻刻想完成出版先祖父全集的夙愿。“文革”前经仲荦先生奔走，他与上海古籍出版社李俊民社长洽定由该社来出《全集》，计划与资金差不多已落实，无奈从大抓“阶级斗争”到“文革”，令计划全部泡汤了。

“文革”一结束，开始“拨乱反正”，国务院恢复了“古籍整理出版规划领导小组”，由李一氓先生任组长，决定先出十个历史人物全集，以示将颠倒的历史恢复过来。1982 年，“古籍小组”再次发文，决定出版二十六个“进步思想家、政治家与有重大影响的历史人物”全集。先祖父作为“进步思想家”先后都列入其中。于是仲荦先生立即行动起来，落实《全集》出版事宜。

次年，即 1979 年，他在广泛与章门弟子联络后，不顾身患心脏病，亲赴上海分别拜访了上海社科院副院长陆志仁，及复旦、华师大、上图、上海人民出版社等领导，与蔡尚思、谭其骧、朱东润、吴泽、顾廷龙、魏建猷、朱维铮、姜义华、汤志钧、潘景郑等会面，协商出版事宜。后又与上海人民出版社人员和汤志钧先生等赴苏州拜见先祖母与先父。先祖母当时九十八岁，见到当年的“阿牛”，如今也满头苍发，幽默地问：“还是他大，还是我大?”彼此相视大笑，不胜唏嘘。先父立即设蟹宴招待小时的同门。先祖母让先父拿出众多收藏给大家看，这是先祖母保存一辈子的先祖父手稿等，分类清楚，收藏丰富，保存完好，仲荦先生等看了大喜，更坚定了出版的决心。仲荦先生在苏州又会见了吴门章氏同门朱季海、沈延国、王乘六等，共商出版大计。旋又回上海，请了山大殷孟伦、南师大徐复、杭大蒋礼鸿这些先祖父弟子来上海，与上海人民出版社和上海专家，共同拟定了《关于整理出版〈章太炎全集〉的几点意见》，拟定了《整理体例》，并作了整理校点人员分工，组成了三十人的整理校点团队，其中三分之二皆是先祖父门下弟子，还有一些知名专家学者，我也忝列其中。

最后他离开上海前到我家专程看望了我母亲。我当时师范毕业后，在小学、中学、少年宫教书，没有多大学问，但是家中唯一从文的人。“文革”结束我有规划自己人生的机会，再也不是“专政”子女了，而此时正值先祖父全集工作上马，先祖父弟子们希望有个家属代表参与工作，留个传人，我也有参与全集整理的意愿，这完全是出于对先祖父的崇敬，而根本不知道这项工作的艰巨性，就这样参与到这项工作中去了。先借调到上海人民出版社，后又转到上海社科院历史研究所工作。这是 1979 年底前的事。

仲荦先生跟我说，不要急，一点点做，边学边做，太炎先生学问涉及面广，样样都要学，要你马上参加点校是不行的，先从熟悉祖父历史与学问着手，收集他的讲演与医学文稿……后来他给我寄来了他当年听先祖父讲演笔记，《尚书略说》《书序》《古文尚书详说》，洋洋洒洒四大本（《详说》是上下册），虽然都是过录诸祖耿先生的记录，但却是认认真真一字一句过录，以他清秀略带隶体的小楷，足足过录了四大册，足见他用功之深，问学之严。他做学问就是这样，一部《资治通鉴》读了二十多遍，一篇《西昆酬唱集注》，反复打磨了四十年，以持之以恒著称。

我在社科院从事先祖父全集编订，也走上了漫长的治学道路。开始我痛苦极了，孤立无助，无从着手，体会到高等学府的知识私有与等级森严。我少不了向仲荦先生抱怨，留下了几十通这类往来信件。最后在重重压力之下，反而让我学得了很多，先后编成《章太炎演讲集》上下册、《章太炎医论集》，完成了《我的祖父章太炎》《我所知道的祖父章太炎》《章太炎与上海》等专著及编著多册，没有给仲荦师伯丢脸。

《全集》虽然没有设主编，但仲荦先生实际起到了主编作用，他是学术界各方都可接受的人，他悄悄地推动着《全集》的进程，协调了各方关系，他也以身作则完成《齐物论释》及《齐物论释定本》的点校。但他在 1986 年 6 月 4 日突然溘然长逝了，再有十天，纪念太炎先生逝世五十周年大会与国际学术研讨会将在杭州举行，这是先祖父逝世五十年后师门的一次隆重聚会，他却永远缺席了。

为太炎先生辩诬

一个再伟大的历史人物难免有不足之处，但有些“缺陷”是人为栽赃，还历史人物清白，往往是“后死之责”。仲荦先生太了解太炎先生，他每逢与人交流，常常会为先师鸣不平，但他的方式是平和的，说理的。一次他应邀去扬州师范学院作学术报告，后发表在《历史论丛》上，即《太炎先生二三事》一文，这是我见到他唯一一篇全面评价先师的文章。

首先，他解释了章太炎与孙中山关系，力排“章太炎反对孙中山”的诬词，他将历史娓娓道来，他说邹鲁写的国民党党史，贬低了“其他力量的作用”，“片面强调了中山先生和黄兴、太炎先生的矛盾，而没有强调他们利益与目的一致的方面”，他还列举了《民报》经费不足，陶成章被刺等事实造成的孙章矛盾的真相，纠正了历史的误传。

其次，他澄清了太炎先生与吴稚晖、谭延闿的历史恩怨。“北伐”成功后，他俩成了南京政府“新权贵”，太炎先生碰到了“这两个冤家对头”，遭到国民党当局“清算”和“通缉”，而这不是“国共合作时期”的事，与反对“国共合作”无关。

再次，他澄清了太炎先生在一封信中说了“革命军兴，革命党消”八个字，被无限扩大地说成是“反对同盟会和导致辛亥革命失败的原因”。他又澄清太炎先生对袁世凯及黎元洪的认识过程，他对袁世凯的“幻想破灭”，进而反袁，作用仅次于蔡锷，他对黎元洪评价最终是公允的。他又澄清了太炎先生“保守”“落后”一说，所谓反对甲骨文，他说我民国二十多年去太炎先生家，看到他从抽屉里取出二三片甲骨片，反复抚摸着说：“这大概不会是假的吧。”可见太炎先生“怀疑的是假甲骨文，对真正的甲骨文他并不怀疑”，因为当时古董商造假甲骨文也确有其事。

仲荦先生对师崇敬，一生恪守，可谓古风犹存，为人之楷模。他这种厚道，来自对传统的继承，哪怕他对师门同仁，也均如此。他的师弟朱季海先生，一生没有固定职业，但学问很好，他每月从薪水中分出一部分给朱季海先生，直到谢世从无间断。请问世上有几君能为之？呜呼！仲荦先生千古！

写于 2018 年 1 月 16 日

章太炎与他的弟子*

一

人称太炎先生弟子遍天下，曾深刻地影响了二十世纪初的文坛，当时大学中文系几乎是章氏天下。但他究竟有多少弟子，各种记载皆语焉不详，谁也说不清他有多少弟子、及门弟子、再传弟子、私淑弟子、学生、再传学生……近《文汇读书周报》(2018年10月15日)刊张维明的《顾廷龙与〈章氏弟子录〉》，旧事重提，翻出了这些老账。张文说:《钱玄同日记》录有这份名单。我查阅后果见这份名单，但这是他从别人那里过录而来的，共22人，但因时间久远，日记文字能辨清的又只有19人，里面是不是有顾廷龙，依然无解。总之这份《名录》引起了不少不满，鲁迅先生就是其中一人，钱玄同先生在日记中也表达了不满。

太炎先生手订弟子及学生名录，据我所知共有两份，一份即是1932年在上海手订的《章氏弟子录》，另一份则是1936年6

---

* 本文原发表于2019年1月2日《中华读书报》，后作许多补充。

月手订的《章氏国学讲习会同人通讯录》。

《章氏弟子录》录有黄侃、吴承仕、钱玄同、汪东、朱希祖。这是他的“五大天王”，是最得意的、学术成就最大的、追随他时间最久远的、称之无愧的、没有争议的弟子。第二类也是早期弟子，有马裕藻、沈兼士、马宗芗、马宗霍、陈同煌、钟正楙、黄人望、马根宝、孙至诚。最后几位是潘承弼、徐云刍。还有三个是已故世的袁丕钧、潘大道、康宝忠。还有二人名字残缺，无法辨明。

这名单一问世，立刻引起争议，钱玄同在当天日记中就写道：这份名单，“不但周氏兄弟、季市失，连龚未生、范古农、张卓身、张敏铭也不在内，甚至连景梅九、景大昭也不在内。断烂朝报乎？微言大义乎？殊难分”。

钱玄同的日记表明，《章氏弟子录》除太炎先生手订的 22 人外，他认为至少明显缺漏了 9 人。这些弟子分属三个不同时期，即早期（流亡日本时期）、中期（被袁世凯软禁北京时期）和晚期（在上海与苏州时期）。

太炎先生手订《章氏弟子录》，确实范围小了一点，但也不是没有一点道理。确立这些名单是在晚年创办“章氏国学讲习会”广招学生之前，主要以早期弟子为主，而这些弟子是以与他关系密切程度而定的。他在 1932 年手订《弟子录》前后，与马宗霍通信有十二通，与潘承弼通信有十一通，与孙至诚通信有五通，与钟正楙通信有一通，可见这些人与他交流交往较多。而钱玄同提出起码遗漏的 9 人，即鲁迅、周作人、许寿裳、龚未生、范古农、张卓身、张敏铭、景梅九、景大昭，除龚未生是女婿，可以不列入弟子，而其他8人，都是在日本时期的弟子，而辛亥革命后与太炎先生几乎没有多少往来，尽管他们对老师是很崇敬的。这大概是太炎先生订《弟子录》的标准吧！

二

《章氏国学讲习会同人通讯录》共82人，其中包括太炎先生本人（69岁）与夫人汤国梨（54岁）。教员有名单如下：

朱希祖（逖先58岁）
马宗芗（竟荃54岁）
王　謇（佩诤49岁）
黄　朴（绍兰45岁）
王乘六（心若43岁）
孙世扬（鹰若42岁）
诸祖耿（左耕38岁）
徐　复（士复25岁）

以下均为学生：
汪柏年（青在22岁）
李源澄（源澄27岁）
庄钟祥（瑞庵30岁）

皇甫权（声鋐 21 岁）

丁邦寿（宣山 22 岁）

方兆有（佛情 30 岁）

王基乾（羲元 36 岁）

王希革（鼎新 23 岁）

王守直（又直 26 岁）

文玉笙（序 21 岁）

任启圣（翔举 37 岁）

李　恭（行之 36 岁）

李谦光（哲卿 38 岁）

李朝汉（樵厂 20 岁）

李恕一（梧罔 21 岁）

李澍东（澍东 26 岁）

李朝蓉（兆蓉 22 岁）

何世建（世建 20 岁）

吴顺理（琢之 22 岁）

吴正清（政卿 24 岁）

周　韬（健民 23 岁）

周云生（元龙 19 岁）

金德建（德建 28 岁）

金玉璇（玉璇 30 岁）

柳景惠（人河 21 岁）

茅荫熙（受廷 27 岁）

姚豫泰（元恺 23 岁）

柏耐冬（逸孙 28 岁）

孙居基（立本 25 岁）

徐风陶（義人 27 岁）

徐绪昌（缵武 28 岁）

徐善同（舜扬 22 岁）

夏继学（继学 30 岁）

章　谦（尊光 23 岁）

章本兴（本兴 20 岁）

唐继鼎（观源 24 岁）

陈兆年（兆年 29 岁）

陈鸿佐（松砚 21 岁）

陈实秋（实秋 32 岁）

陈　炎（大言 24 岁）

黄大本（景孟 30 岁）

黄士本（支田 37 岁）

黄德余（积之 21 岁）

张瑞麟（辑五 33 岁）

张斯翼（小怿 16 岁）

曹依仁（静山 30 岁）

汤炳正（景麟 27 岁）

杨贞官（贞官 24 岁）

杨贡官（贡官 20 岁）

叶芳炎（善箴 27 岁）

叶建平（建平 30 岁）

叶竞耕（竞耕 22 岁）

贺永春（润鸿 44 岁）

冯　超（超人 28 岁）

葛幼圃（念先 35 岁）

傅平骧（平骧 25 岁）

赵意诚（孚樵 27 岁）

赵树安（汝悦 17 岁）

楼仁爱（德兴 23 岁）

熊训初（训初 28 岁）

郑弗言（鼎 21 岁）

刘济生（字行 21 岁）

刘一化（一化 20 岁）

卢闵麈（闵麈 45 岁）

罗茂金（茂金 24 岁）

罗　绮（自华 20 岁）

罗崇让（崇让 18 岁）

顾日辰（拱北 20 岁）

顾义骏（问宾 34 岁）

顾家书（家书 25 岁）

林　照（36 岁）

三

其实太炎先生弟子与学生远不止此，在日本几年，先后受教的有一百多人。另外，在苏州“章氏国学讲习会”中任教的还有许多。如汪东、孙世扬、诸祖耿、潘承弼、王仲荦、马宗霍、沈延国、金毓黻、潘重规、黄焯等，这些人都是太炎先生弟子，而《章氏国学讲习会同人通讯录》中有些没有列名。

在“章氏国学讲习会预备班第一学期课程表”（1936年9月—1937年1月）上清楚记录着诸祖耿教《尚书》《毛诗》，沈延国教《诸子通论》，郑梨邨教书法、金石学，徐士复（即徐复）教《马氏文通》，潘石禅（即潘重规）教《经学史》，潘景郑（即潘承弼）教《目录学》，孙鹰若（即孙世扬）教模范文，黄耀先（即黄焯）教《史学通论》，王心若（即王乘六）教《左传》，其他几个太炎先生在“国学会”招收的研究生，又兼一点课程，如金德建教《学术文》，汤炳正教《文字学》，施仲言教《通鉴》，孙立本教《作文》。他们都应该是弟子。

另外在编《太炎先生著述目录》四个弟子中的朱学浩，即朱季海，也应该是弟子。

王仲荦在编《章太炎全集》时，邀章门弟子参与的人中，有沈延国、王仲荦、蒋礼鸿、殷孟伦、殷焕先、陈行素、朱季海、姜亮夫（弟子崔富章）、汤炳正、叶芳炎、钱复、张芷、祁龙威、程敦复、饶钦农、黄耀先，以及整理《说文解字授课笔记》的陆宗达、王宁等。其中有及门弟子、弟子、再传弟子，也应该属于弟子吧！

以上是仅我所知的太炎先生的弟子（包括学生），当然还应包括“私淑弟子”曹聚仁等。这样太炎先生弟子我知道名字的至少应该有 60 多人。

四

太炎先生弟子中名望较大的，我稍了解的有下列人物：

1.“五大天王”

黄侃（季刚），应该是最大的弟子，擅长音韵文字学。太炎先生最擅长的也是音韵文字学，即小学，又称文字训诂学，他们师生有继承又有发展，形成一个学派，人称“章黄之学”。“章黄之学”有许多传人，如黄焯（耀先）、潘重规（石禅）、陆宗达（颖明）、程千帆、林尹、高明、毛子水……弟子分布海峡两岸。范文澜也是他的弟子。

钱玄同（疑古），追随太炎先生最早最久。1906 年太炎先生流亡日本，开始讲学，钱玄同就在帝国教育会和大成中学听讲，后又参加《民报》社“小班”听讲，师生情感最深。《太炎文录》多篇著作都是他一一抄录的。1910 年他回国后在北大等高校讲学，1917 年参与创办《新青年》，是“五四”新文化运动的重要推动者，也是钱三强之父。

朱希祖（逷先），是太炎先生流亡日本期间的学生，继承与

章太炎与部分章门弟子。前排右起：朱希祖、钱玄同、章太炎、刘半农、马裕藻

发扬了太炎先生的史学，成为一代史学宗师。他一生读书、购书、藏书，成为一代藏书家。他也有一个很杰出的儿子朱偰，三十年代他们父子同在中央大学任教，一个是历史系主任，一个是经济系主任。

吴承仕（絸斋），清光绪三十三年（1905）举贡科朝元，善治三礼，曾任民国政府司法部佥事。辛亥革命后正式拜师太炎先生，在太炎被袁世凯囚禁北京三年中，差不多每天看望太炎，记录向太炎问学一百六十多则，成《菿汉微言》一书，后又为太炎先生编《章氏丛书续编》。他勤奋努力，与黄侃一起被誉为“南北经学两大师”。他用马克思主义研治中国古老经学，后成为马克思主义者，与学生一起投入“一二·九”学生运动，病逝于抗日战争期间，毛泽东特致挽词。他的弟子齐燕铭建国后任国务院副秘书长，主管文化教育。

汪东（旭初），早期在日本就加入同盟会，为《民报》撰稿。辛亥革命后，太炎先生办《大共和日报》，他任总编，后太炎先生办《华国》，他为总编。在北洋政府任过内务部佥事，后任国民政府监察委员，中央大学文学院院长，中文系主任。他偏好政治，又擅书画。他晚年住在苏州，与章家往来密切。

2.《民报》社八人小班

钱玄同（前述）

朱希祖（前述）

龚宝铨（未生），太炎先生女婿，鲁迅先生挚友，早年一起加入光复会，参加过拒俄义勇队、暗杀团，非常激进。与鲁迅等参加《民报》社太炎先生讲学。辛亥革命后任浙江图书馆馆长，也担任过浙江省议会副议长，出版过浙图版《章氏丛书》，晚年遁入空门。

许寿裳（季市），鲁迅先生挚友，一起参加《民报》社小班听课。辛亥革命后从事教育工作，在北大、北师大等校任教，又任北京女子师范校长，北平大学文理学院院长，教育部佥事，中央研究院干事兼文书处主任，后赴台湾大学任教。鲁迅先生去世后为鲁迅先生写年谱，太炎先生作古后，为太炎先生作《章炳麟传》。死于暗杀。

周树人（鲁迅），详见拙作《我所知道的祖父章太炎》（上海人民出版社 2017 年版）中《论章太炎与鲁迅的交往》（上、下）。该文详述了他们师生关系，此不赘述。

周作人（启明），鲁迅二弟，辛亥后归国任教于北大，抗战时留京护校，当了文化汉奸，但未尝没有做过些好事，保护过一些文化人，还去沦陷区的苏州为太炎先生扫墓，晚年以翻译为生。

朱宗莱（蓬仙），辛亥后也在北大任教，著有《文字学形义篇》《文字述谊》等。

钱家治（均夫），教育家，曾任浙江省教育厅长，钱学森之父。

3. 辛亥革命后北大集中了“章门”许多弟子，著名的有“三沈”“二马”“一朱”。“三沈”即：

沈士远，“三沈”中年纪最长，曾任北大教授，庄子专家，

1949 年后曾任故宫博物院文献馆主任。

沈尹默（秋明），国学专家，更是著名书法家。

沈兼士（坚士），辛亥后任北大文学院院长及故宫博物院文献馆馆长。

“二马”即：

马裕藻（幼渔），回国曾任北大国文系主任长达十四年。

马衡（叔平），曾任北大研究所考古学研究室主任，金石家，西泠印社社长，故宫博物院院长，抗战期间护送国宝西行。

“一朱”即朱希祖。

4. 早年弟子还应该有：

李亮工（镜蓉），与黄侃一同拜太炎先生为师，回国后任山西大学国文系主任，主讲《说文》《尔雅》。

马宗霍（马骥），青年时受业于太炎先生，后历任暨南大学、中央大学、湖南大学等高校教授，1949 年后任中华书局编审、中央文史馆员。

余云岫（岩），受业于日本，精通西医，曾任上海医师公会首任会长，又擅中医，对中医典籍有很深研究，著有《古代疾病名候疏义》。他与太炎先生关系密切，几乎是他家家庭医生。

刘文典（叔雅），早年留学日本，师从太炎先生，回国后历任安徽大学校长，北京大学、清华大学、云南大学教授。

康宝忠（心孚），在日本师从太炎先生，回国后在北大设社会学班，成为中国第一位社会学教授。

缪篆（子才），江苏泰县人，鲁迅先生同事，任教于厦门大学哲学系，著有《显道》。曾将太炎先生大篆整理成册。他也是范曾的外祖父。

范古农（寄东），浙江嘉兴人，早年留学日本，研究佛法，师从太炎先生，一生弘扬佛法，“学在唯识，行在净土”。

景梅九（定成），山西安邑人，早年留学日本，师从太炎先生，长于训诂，入同盟会，任山西分会评议长，辛亥后任西安教育部长，参加“反袁斗争”。

但焘（植之），湖北赤壁人，留学日本，曾与鲁迅同室而居，加入同盟会，兼从太炎先生学。辛亥后任总统府秘书兼公报局局长，1917 年参加护法运动，接任太炎先生工作。赞成国共合作，后主国史馆工作。

5. 中期弟子

中期是指辛亥之后，被袁世凯羁禁北京期间及上海大演讲这两个阶段。在北京时，顾颉刚与毛子水肯定是去听过讲课，包括傅斯年，但他们决不算弟子，上海听讲的也有 80 人左右，也不等于都是弟子，弟子必须身带言教。

黄朴（绍兰），是太炎先生唯一女弟子，黄侃夫人，上海博文女校校长，后在金陵女子师范、章氏国学讲习会任教。

金毓黻（静庵），1913 年至 1916 年，太炎先生被袁世凯囚禁北京期间，聚众讲学，金毓黻参加听讲，并把讲学整理为《国学会听讲日记》。曾任辽宁省政府秘书长、东北大学教授。

曹聚仁（挺岫），太炎先生1922年在上海系统讲国学，曹聚仁听课后整理成《国学概论》，大受欢迎，也受太炎好评，登门拜师，认了师生关系。他一生著书72种，第一册即是《国学概论》，最后一书《国学十二讲》，以国学始又以国学终。

陆渊雷（彭年），一代名医，上海川沙人，毕业于武昌高等师范，长期从事中医事业，1929年与徐衡之、章次公创办上海国医学院，请太炎先生任院长，从此“亲炙先生，每晋竭，先生辄引与论医，竟日不倦，时聆精义妙理”，成为上海著名中医。弟子成群，著作丰厚。

徐衡之，现代著名中医，与陆渊雷、章次公追随太炎先生治医，成立中央国医馆。1949年后被卫生部召至北京工作，任职于中医研究院，曾辑《章太炎先生论医集》。

章次公，现代著名中医药学家，因敬仰太炎先生，取名“次公”，参与创办上海国医学院，任教于中国医学院。1949年后任卫生部中医顾问兼北京医院中医科主任，著有《药物学》等。

陈存仁（承沅），上海名医，毕业于国医学校，师从太炎先生，著有《中国药学大辞典》，太炎为之作序。他与三教九流均有许多接触，而成《银元时代生活史》。曾长期为《福尔摩斯》撰稿，又在《星岛晚报》设《津津有味谭》，擅造故事。1949年后赴香港行医，著有《章太炎先生医事言行》，如天方夜谭，写的太炎先生许多逸事，未必可当信史。

张破浪（春水）。太炎先生很重视对张破浪的培养，《春雨杏花楼笔记》记录了许多他们师生之间的往来，太炎先生的《猝病新论》手稿，也是第一个给张破浪览阅的。恽铁樵办国医学校，编订讲义，也因为“张氏破浪为余杭弟子，推为事务主任”。

6. 晚年弟子

太炎先生晚年弟子是以苏州星期演讲会与兴办章氏国学讲习会而招收的弟子为主，人员较多，《汤国梨与郑梨邨》一文中说：“1931 年前后，他收了八个弟子，他们是苏州中学校长胡焕庸，教员金东雷、诸祖耿、徐沄秋、王佩诤，还有郑梨邨、卫露华、傅子文，总共八人。”这八人中郑梨邨、卫露华、傅子文三人是李根源、金松岑介绍，在李宅拜师的。当时听讲的还有恽铁樵的三个女儿，及在无锡工作的孙春圃，他为听讲学，每天从无锡赶过来，听完再赶回去。这样的学生很多，尤其寒暑假中，听众甚多。而作为弟子应有如下数人：

王仲荦（王牛），他是 1928 年前后在上海拜师的。当时他们是邻居，又是太炎弟子余云岫女婿，他既受业于太炎，又照顾太炎起居，比其他弟子更贴近老师，资格更老。太炎先生赴苏州办“章氏国学讲习会”，他随师而往，老师去世后，随师母去上海办太炎文学院，先后在“国学讲习会”与“太炎文学院”任教。1949 年后，在山东大学历史系任主任，参加“二十四史”点校工作，是《章太炎全集》实际组织者。

潘承弼（景郑），1930 年前后正式拜师。他是苏州望族之后，曾在“章氏国学讲习会”与“太炎文学院”任教，1949 年后在上海图书馆任研究馆员。他买通章氏家佣，买下了许多太炎先生手稿，1949年后他将大部分文稿捐给了上图，唯始终没有将太炎早年《膏兰室札记》的第四册公之于众，致使《全集》至今缺此部分。

孙世扬（鹰若），早年追随黄侃治学，后入章门，担任家庭教师与秘书。他好医学，又任“国学会”讲师，主编了《太炎文录续编》，是与章氏家族关系最密切的一员。

沈延国（子玄），系太炎先生好友沈瓞民的儿子，从1932年到1936年始终追随太炎，任“国学讲习会”讲师，《制言》杂志编辑、“太炎文学院”教务长，参与《章太炎全集》点校，在古籍整理与研究方面成绩卓著，与章氏家族关系密切。

诸祖耿（介父），太炎先生晚年弟子，中学教师出身，1932年至1936年太炎先生诸多演讲，多半由他整理成文。后参与“国学讲习会”工作，协助办《制言》杂志与创办太炎文学院。太炎去世后在云南大学、中央大学、江南大学、南京师范大学任教授。完成《章氏尚书讲演录》。

马宗芗（竟荃），曾任苏州章氏国学讲习会讲师，1949年后被聘为中央文史馆馆员。

王乘六（心若），中学教师出身，章氏国学讲习会讲师，后在太炎文学院、光华大学、上海师范大学任教，长于训诂，与章氏家族关系深厚。

姜亮夫（宣清），早年就读清华国学研究院，后师从太炎先生，在许多大学任教过，最后为杭州师大教授，学术成果广泛。

朱季海（学浩），十六岁就师从太炎先生，天分很高，很受太炎重视，惟性格孤僻。出任过章氏国学讲习会讲师、苏州博物馆顾问，长于《楚辞》。

徐复（汉生），南京金陵大学毕业后入苏州章氏国学讲习会，师从太炎，后任南京师范大学教授，曾任中国训诂学会会长，著有《訄书详注》。

徐澄（沄秋），曾任伪苏州图书馆馆长，1949 年后任苏州文学会委员，江苏省博物馆征集组组长，熟悉地方文史与掌故，精于书画。太炎先生在苏州时期，确实关系密切，他著有《吴门画史》，太炎先生为之题款。

郑梨邨（伟业），太炎先生晚年在苏州的门人之一，经常往来于章宅，擅金石，在“国学讲习会”教金石学、书法。

王謇（佩诤），苏州振华女校教务长、副校长，后任章氏国学讲习会讲师，1949 年后任教于华东师范大学，藏书家，费孝通、杨绛的老师。

李恭（行之），太炎先生晚年招收的七个研究生之一。

姚奠中（豫泰），教育家、书法家，也是太炎先生晚年七个研究生之一。抗战时开办“蓟汉国学讲习班”，后任山西大学中文系主任，山西古典文学会会长。

汤炳正（景麟），太炎先生晚年七个研究生之一。在读书期间，就在章氏国学讲习会任教，后在诸多大学任教，最后任教于贵州师范大学。学术成就很高，曾任中国屈原学会会长，精通《楚辞》研究。

金德建（德建），太炎先生晚年七个研究生之一，并在章氏国学讲习会任教，后在无锡国专沪校任教，1949 年后在上海社科院历史所任特约研究员，上师大古籍研究所古籍文献班任教授，著有《先秦诸子考》等。

柏耐冬（逸孙），太炎先生晚年七个研究生之一，后参加地方抗战武装，1949年后任教山西大学。

孙立本（居基），太炎先生晚年招收的七个研究生之一。

叶芳炎（善箴），曾于章氏国学讲习会学习，后参加新四军，成为陈毅助手，任苏皖边区政府法制室主任，1949年后任上海市政府法院副院长，后任上海社科院法学所党委书记。太炎先生迁墓与出版全集，均出力甚多。

金震（东雷），江苏吴县人，曾撰《英国文学史纲》。

李希泌（季邺），云南腾冲人，李根源先生长子，在苏州期间从太炎先生学，1949年后任北京图书馆研究馆员，著述颇丰。

这期间还有一些弟子，如戴增元（镜澂），江苏镇江人；钱绍武（景隶），江苏吴县人；贝琪（仲珩），江苏吴县人；庄照（铁生），江苏扬州人；徐震（哲东），江苏武进人；施福缓（纯丞），江苏吴县人等。只是我对他们经历还不太了解。

五

以上六十多位弟子，个个学有所长，著作丰厚，弟子众多，分别继承了太炎先生的小学、经学、诸子学、文学、史学、医学诸领域的成果，成了中国一代又一代的学术带头人，并加以传承和发扬，形成“章门”与“章学”。

但是要形成一份完整的“章氏弟子录”实在是很困难的，尤其我才疏学浅，余生也晚，难免缺漏，甚至误置。例如钱玄同日记《弟子录》中的陈同煌、钟正懋、黄人望、马根宝、袁丕钧、潘大道，我就不知他们详细经历，也不知他们师承过程。

又例如钱玄同日记中说太炎先生遗漏的张卓身、张敏铭、景大昭，应该也是日本时期弟子，我也了解很少。

还有胡以鲁、施仲言、孙立本、殷孟伦、殷焕先、祁龙威、程敦复、饶钦农、张芷、陈行素，似乎应该有师承关系，我了解不深。

有几位与章氏家属关系较深的如刘济生、葛幼圃、王守直等，我知道其人，也不知其关系。

以上众多人员，多半应该是弟子，只是我不太了解。依此推论，太炎先生弟子应该在 90 人左右。学生应该在 200 人左右，至于再传弟子与学生，应是很庞大的数字，构成了中华文化的精英群。

总之遗憾之处甚多，实在抱歉。我年逾七十七了，只想早点向学界提供一份比较全面而可靠的太炎弟子名单，但又没有精力一一细加考证了，只好抛砖引玉，留给其他学人来完成更完整的弟子录。在这基础上，若能写一部他们师生交往与学术承继的著作，一定有趣，蔚蔚大哉！十年前孙郁就写过一篇《关于章门弟子》，有趣而有内涵。学术这东西，常常是代有所补，事实证明一个人的力量实在是有限的。

写于 2018 年 11 月 1 日

慈母二十周年忌日

李敖·汪荣祖·章太炎*

一

一代狂士李敖先生作古了，他作为一个饱学之士，目空一切，狂放不羁，敢骂敢恨，敢说敢为，恐怕后无来者。他作为一个士，恐怕也是中国传统士大夫的最后一人。当然他也有一个士的所有缺点，并非是圣人。他拥有的学识我是敬佩的，他反抗威权的勇气我也是佩服的。

我很早与他有往来，是通过他的同窗汪荣祖教授作媒介。我对光复会的研究，尤其对王金发的研究与实地考察，发现王金发与蒋介石的早年有许多相似的经历，从而可以理解他们为什么都会很早走上了革命道路，至于他们后期发生的转变，是另有原因。所以评价历史人物不可以一概否定，用“嵊县强盗”“溪口无赖”来说他们从小不良，这是没有说服力的。但这样实事求是的文章，在1987年前后，还是一个禁区，有为蒋介石翻案的嫌疑。

---

* 未刊稿。

于是我请汪荣祖教授带到海外，看看有没有发表空间。同样，我编写的《五十年来研究章太炎论著目录》，也是在台湾“中研院”分了三期发表的，虽然没有稿酬，但发挥了应有的作用。而我的这篇《蒋介石的早年与王金发》则发表在李敖主编的《千秋评论》上。大家都知道，李敖反蒋憎蒋是不屈不挠的，但他对我这文章不因自己好恶而不用，相反，他将我的文章放在了刊物首篇，给我留下了极好印象。

后来我虽多次赴台，他也来过大陆，但我们始终没见面，彼此都有许多“随从”，很少有自己空间罢。但李敖先生家属——他的夫人及两个小孩，很早来过大陆，我们见过面，我也招待过他们。他们答应日后会送些李敖签名著作给我，但我始终没有得到。

李敖的文章与性格，与我祖父太炎先生是十分相似的。他为汪荣祖教授《章太炎研究》专著写的序言，完全是以英雄许人，也以英雄许己，惺惺相惜。他以继承弘扬传统文化为己任，反对专制追求民主，反对分裂追求统一。他为台湾的民主坐过牢，是老资格民主斗士。正是这些反威权运动，酝酿与造就了台湾的“统派”与“独派”，从这一点讲，台湾“独派”人士不能不对他持三分敬意。他与太炎先生真十分相似，无论文化造诣与斗争性格，就如《红楼梦》中的焦大，资格很老，敢于骂人，人人畏他三分。

他为汪荣祖《章太炎研究》写的序言，十分精到，就如一位专业的章太炎研究的专家，无一句多余的话，没有一个多余的字，是真正的知者之言，可惜多数人没有读过，这里不妨抄录一遍，以纪念这样少见的文豪。

台大历史系老同学汪荣祖是我最佩服的历史学者。在我眼中，成为历史学者除了历史在行外，还得有伟大的正义感。环顾中国，两者兼具的，荣祖要列前茅。证据不必远求，光看这本《章太炎研究》，便可了然。

章太炎（炳麟）是中国最了不起的学者，近七十年前，胡适在章太炎生前就论定说：

这五十年是中国古文学的结束时期，做这个大结束的人物，很不容易得。恰好有一个章炳麟，真可算是古文学很光荣的结局了。

章炳麟是清代学术史的压阵大将，但他又是一个文学家。他的《国故论衡》《检论》，都是古文学的上等作品。这五十年中著书的人没有一个像他那样精心结构的，不但这五十年，其实我们可以说这两千年中只有七八部精心结构，可以称做“著作”的书——如《文心雕龙》《史通》《文史通义》等，其余的只是结集、只是语录、只是稿本，但不是著作。章炳麟的《国故论衡》要算是这七八部之中的一部了，他的古文学功夫很深，他又是很富于思想与组织力的，故他的著作在内容与形式两方面都能“成一家言”。

上面这些论定，仅限于章太炎学者那一面，是不足以尽章太炎的。章太炎的伟大，是他一生中，一直把学问与正义感结合在一起。为了他那伟大的正义感，从叛师到责友、从革命到坐牢、从拥孙到贬孙、从扶弱到抑强……他都表现了“虽千万人，吾往矣”的大无畏。他是“中华民国”四个字的订名者，但是，当他眼见他们抛头颅、洒热血、坐穿牢底换来的“中华民国”，竟被“群盗鼠窃狗偷”以后，他毫不掩饰的痛斥他的同志。从孙中山以下，皆不足数矣！

……他给孙中山的挽联，挂不出来了；他为孙中山写的序，暗中删除了；国民党把他当“学阀”第一名通缉，但在出版厚达一千多页的《革命先烈先进传》中，却连最后一名都没他的名字了。

但是，又怎样呢？章太炎还是章太炎、还是所有正义之士眼中的章太炎！国民党可以忘恩负义埋没他，但是，正义之士就是要抬他出来，把他研究个够！

当然，抬出章太炎，这在国民党统治地区是绝对不合时宜的。不过，从苏东坡以来，“一肚皮不合时宜”却也正是伟大知识分子的风范。在举国诬蔑陈炯明的当口，章太炎写墓志铭说：“君自覆两假政府（岑春煊和孙中山各搞一个‘伪’政府，都被陈炯明推翻了），有骁名，人莫敢近，卒落魄以死。余独伤其不幸，以恶名见蔑，故平其议而为之铭。”和陈炯明一样，章太炎也是革命元勋、也是最后被国民党“以恶名见蔑”的“不幸”人物，他在国民党迫害之中、在国民党众口铄金里，仍挺身为陈炯明说公道话。伟大的知识分子，不当如是乎？

如今，章太炎一代的皆化为尘土，但是，新一代的正义之士，仍要继起挺身，研究往史，以昭来兹。荣祖的著作，就是我们的范本。书成之日，荣祖要我写序，我不敢辞，特志其大者，以归老友。

二

《章太炎研究》是西方第一本用英文和中文同时出版的专著，作者是美国弗吉尼亚大学历史系教授汪荣祖，他是台湾大学历史系毕业生，与李敖是同窗，是被李敖敬佩的少数学者之一，也是与李敖合作写作的少数学者之一，至少揭发蒋宋美龄阴私的著作是他俩合作的。

八十年代初，汪荣祖教授到大陆当了半年的访问学者，地点就在上海社科院历史所，组织上安排我配合研究，让我们熟悉了起来。以后他有过多次访问，我私人邀请他去杭州、黄山游，当时刚刚开放，各方面条件都很差，我也不富裕，让他跟了“苦旅”，好在我们彼此都不在意，得以尽情谈论章太炎研究，友谊更加深厚。汪先生最大优势在善于东西方比较研究，视野比大陆开阔，尤善比较东西章太炎研究观、比较康有为与章太炎、文化多元论与文化单一论比较研究……观点更公允客观，在海内外引起了很大震动，对我也很有帮助与促进。

汪荣祖教授是个纯正的学人，年轻时为了专心读书，竟让未婚妻别他而去，建立家庭后太太又早逝了，但他学术成就却越来越大。近年来我们难得一见了，因为我并不专事历史研究，两岸关系研究成了我的主业，但我不时能见到他写的反“台独”的文章，他不改中国人的立场，现他定居台湾，想必五味杂陈。

三

章太炎研究让我与汪荣祖、李敖联结在一起，太炎先生虽然是我祖父，但我们都不是以感情来研究章太炎，而是以一个陌生人对另一个陌生人式的研究，都不约而同地认识到太炎先生是一个战士，是一个革命家，硬是以自己的脑壳去撞击冰冷的封建帝国的厚墙，撞出了一个新型的共和政权——中华民国。但以中华民国正统自居的国民党，却把中华民国的缔造者之一排斥在中华民国之外，偷偷地把章太炎名字从民国史中抹掉，这种偷梁换柱的国民党，不能正视历史的国民党，曾几何时，被共产党赶到了小岛。鲁迅先生在悼念太炎先生文章中再三强调太炎先生不仅仅是国学大师，而首先是一名革命家，鲁迅欲重举太炎先生革命旗帜，以革命者自许，壮哉！汪荣祖的专著也是为太炎先生平反，表达了历史学家的风范。李敖的序言，更是为太炎先生平反，他们出版《章太炎研究》一著时，台湾还是国民党当政，多么可敬。

当然我们也都认识到太炎先生是一位大学问家，几百年才出一位的杰出学者。太炎先生学问渊博，涉及小学、经学、诸子学、哲学、佛学、文学、史学、医学……他为什么会涉及这么多学问，是不是天生好学？我们都认识到绝非如此简单。太炎先生、李敖先生、汪荣祖先生，都是一脉相承，为天下开太平，为绝学继新命！壮哉！

写于 2018 年 10 月 22 日

沉香阁·章太炎·佛学*

被赵朴初先生高度赞誉的比丘尼道场——上海沉香阁观音楼，终于修复了。

沉香阁，又名慈云禅院，位于上海南市区（今黄浦区）老城隍庙西侧的沉香阁路，以供奉明代珍贵的沉香木雕观音坐像而得名。坐像又名如意观音，采用海琼水沉香木雕塑，呈坐姿，屈足而坐，手垂膝上，微仰身子，侧首凝思，体态自然，面目慈祥，形态亲切，十分潇洒，一改佛像严肃之态，显得平易近人，使得真俗交融，人佛贴近，是观音像中极为罕见之作，反映了作者高超的手艺与对佛学的高深造诣。坐像由明代督漕潘允端自淮上请得，于万历二十八年奉归沪上，建“南海宝筏飞渡观音大士阁”，每当雨天，沉香芳馥四溢，成一奇观，广受钟爱，故代有修缮，续建牌楼、大王殿、两厢楼、鹤轩、诵经房等，至清大盛。1943年，近代高僧华严座主应慈法师应慈云禅院住持苇乘的邀请，驻

---

* 这是一篇旧作，但第一次发表于此。

锡寺内，并开讲《法界观门》，一度成佛教界盛地。1949年后，由于大家知道的原因，沉香阁香火日稀。1965年应慈法师圆寂于沉香阁，继而“文革”起，香火俱灭，连如意观音坐像也被劫走，迄今不知下落。

“文革”后，惨痛的教训，使国人大悟，遂有复修沉香阁之举，并受到党与政府支持，也是十方善众资助，经三载努力，采用泰国、还有香港地区佛教信徒捐赠的沉香木，依原像重塑如意观音一尊，并重修观音楼、大雄宝殿、念佛堂、世界各功德堂、尼家班堂、应慈纪念堂等，使一度荡然无存的沉香阁恢复原貌，重焕青春。

10月15日，我应邀参加了沉香阁观音阁开光和观性法师升座典礼，亲睹盛典，面对修缮一新的寺院，看着兴旺的香火，痴望着成群信徒顶礼膜拜，不禁慨从心起。三年前，我随乔林兄应沉香阁修复委员会丁明兄邀请，去过沉香阁，当时工厂与居民刚从寺中搬出，到处是破壁残瓦，残败之景，目不忍睹，迄今历历在目。那时我们踩着随时可能断塌的扶梯，登上摇摇欲坠的观音阁，阁无观音，阴气沉沉，妖气肃杀，宛如蒲松龄笔下之情，故乔兄戏言：“此处唯摄《聊斋》毋用搭布景耳。”三载光阴，沉香阁神话般以崭新姿态重焕春色，实感欣慰，令人吐气，真是“人心齐，泰山移”。中国人有什么办不到的事？只要勿自贱！

这些年，宗教政策有了许多变化，尤其是有关佛教方面。谈起信教，人们再也不用谈虎色变，“宗教是精神的鸦片”这句话，几乎没有人当作不成文的法律。上海的玉佛寺、龙华寺、静安寺相继恢复，信徒与善男善女，如地下冒出来般，把几个寺院挤得水泄不通，至于国内几大名刹，更是香火熏天，连湮没上百年的历史上的名寺——开封相国寺也开光迎客，佛事盛况空前，令人瞠目。至于好事还是坏事，促人深思。佛教的“死灰复燃”，人们不怕因信教拜佛而戴上崇拜封建迷信的帽子，这说明了什么？八、九年前，黎澍先生中风适愈，我曾去京拜访他，他问我从何而来，有何近感？我谓适去奉化并经天童与阿育王寺，见香火旺盛，甚感惊讶。他沉思许久，缓言道：“这是对我们共产党宗教政策的惩罚呀。”又说：“宗教宜导不宜堵。世上事，无不如此。”我闻之极骇，因为当时思想尚未解放到如今程度，作为老共产党人的他——一个党内老资格的史学理论家，出之此言，实在不易，真是良知不灭，使我多年受益。也使我一直在寻思，佛教的再度兴起，说明了什么？是说明了政治清明，还是政治失望？是佛法无边，人心所向，还是看破红尘，皈归空门？是文化回归，释道儒剿之不灭，还是人心反弹？……究竟是宗教现象、社会现象，还是文化现象、政治现象？我时时苦思，企图得到一个合理解释。为此，我还特别注意先祖父太炎先生关于佛教的论说。

如今人很少知道太炎在佛学上的成就与地位，只知道他是一个革命先驱和国学大师，连佛学界也很少有人认他为同道者，甚至还被许多其他革命的同志与后来的人误解过，他们惊讶太炎还“信佛”，在他们看来，这比他提倡“读经”更无法容忍。其实先祖父与许多近代著名佛学学者，从梁启超到欧阳竟无、近代高僧弘一法师及太虚法师等，都有很密切的交往和切磋，并深受佛学界崇敬，被誉为近世少数几个对佛学有造诣的学者之一。他的学说中，至少含有经学、儒学、西学、老庄之学、佛学五个成分，在他的革命理论与学术体系中，曾吸收了大量佛学的成果。然而，其佛学思想的真正含义，却知者寥寥，半个世纪以来，对他佛学思想的研究是苍白的，论文较之对他的经学、诸子学、文学、史学、政治学的研究，不足百分之一。这大概是个禁区，无论学术上或政治上；加上他文字过于古奥，索解为难，连一代文豪鲁迅先生读他文章都说“我读不断，当然也看不懂”。尽管他的思想是平民的，但他的文字，如吴承仕先生所说，“却是贵族的”，这使他失去了许多知音。再加上佛学的内涵深刻、教义庞杂、流派繁多、释解复杂，浩瀚无际，令人生畏，使许多人裹足不前，遂成绝响。甚至我们在一个相当长的时期，否认一个革命者受过佛教影响的一面，始终把佛学视为消极的落后的封建的迷信的东西，恰恰忘记了先进的科学的东西正是源自二千年人类文明史中的儒、道、佛等精华之处。近十多年来，学术空前繁荣，思想空前解放，太炎的佛学思想开始为世所重，研究的文章从万余言到数十万言的皇皇大著，不断问世，实可庆也。至于评价的高低，是毁是誉，本是仁者见仁，智者见智，何况任何学说都是一家之言，任何评价也都是一家之见。但是，我认为先祖父佛学至少有两点见解是不容轻易否定的。

第一是他提倡的“用宗教发起信心，增进国民道德”之说。太炎所说的宗教，即佛教中的华严与法相二宗，而不是孔教与基督教，因为他认为孔教徒叫人利禄于心，断不可用，基督教叫人崇拜上帝，即是要人崇拜西帝，断不可倡，而佛教中华严宗与法相宗，在道德上与人最为有益。他说："华严宗所说，要在普度众生，头目脑髓，都可以施舍与人。……法相宗所说，就是万法唯心。一切有形的色相，无形的法尘，总是幻见幻想，并非实在其有。……要有这种信仰，才得勇猛无畏，众志成城，方可干得事来。……所以提倡佛教，为社会道德上起见，固是最要，为我们革命军的道德上起见，亦是最要。"（章太炎《日本东京留学欢迎会演说辞》）他认为一个人，尤其革命党人，只有有了这种道德，才可以"排除生死，旁若无人，布衣麻鞋，径行独往，上无政党猥贱之操，下作惴夫奋矜之气"（章太炎《答铁铮》）。要拯救中华，要振兴中华，唯有增进国民道德和提高革命党人素质，他强调说："优于私德者亦必优于公德，薄于私德者亦必薄于公德，而无道德者之不能革命。"（章太炎《革命之道德》）如何增进国民道德呢？太炎即提倡将唯识宗的"种子"，引进道德学说，以破"我、法"二执，"不执一己为我，因以众生为我……故一切以利益众生为念"，以佛法中的无我，来净化灵魂，从而抵御"畏死心、拜金心、奴隶心、退屈心"，摆脱物俗，"以勇猛无畏治怯懦心，以头陀净行治浮华心，以惟我独尊去猥贱心，以力戒诳语治诈伪心"。他并指出，即使革命成功了，在建设新国家时，"共和政体以道德为骨干，失道德则共和为亡国之阶"（章太炎《致伯中信》）。先祖父不仅这样提倡，也这样身体力行，成为他提倡的道德的模范执行者，为世所钦。

综观古今中外，一切优秀的政治家思想家，无不极其重视道德对社会的作用，而致力于道德学说，先祖父尤其如此，甚至到了过于强调道德作用的程度。他以为中国的祸根在于道德的败坏，“道德衰亡，诚亡国灭种之根极”，从戊戌变法到自立军失败，皆因“戊戌党人之与庚子党人之不道德致之也”，如果革命党人，尤其执政党人，竞名死利，廉耻丧道，革命无不失败。于是，太炎借助佛学中积极成分，剔除佛学中神道迷信、因果轮回、消极遁世之成分，抉取精华，致力于国民性改造，把神学变为人学，用于救亡图存，这在二十世纪初叶，应该说是有进步意义的。同时，这也说明佛学中有合理的内核，有积极的一面，有可资利用之处。当然，要将佛学与道德学说，作为救世匡时的唯一手段，未免浅薄。历史已前进了近八十年，时代有了许多进步，中国进入了改革开放的时期，这是一场更艰巨的革命，对每一个人提出了更高的道德要求。此时此刻，重新评价太炎的佛学思想，正确看待佛教的再兴，不仅必要，而且大有可资利用之处。

第二是他宣扬佛教平等之说。他说：“佛教最重平等，所以妨碍平等的东西必要除去。”那么在当时中国，什么东西妨碍了平等呢？他首先指出，满洲政府对我汉人的种种不平，就是有违佛理，有违平等，因此应该攘逐满洲，从而制造了革命有理的根据，这是大家所熟知的。但是，先祖父提倡佛教平等论，还有另一面更深的内涵，这就很少为世所解，迄今仅有少数几个学者发现了这个深层价值。

最近，我重读了先祖父八十年前在日本为中、日、韩、印等学者讲解佛学的手稿（已刊于《中国哲学》第六期，1981 年 5 月出版，章太炎《论佛法与宗教、哲学以及现实的关系》)，有忽见阳光之感，对他的佛学观突然顿悟，也许这是讲稿，较之其他佛论文字易懂，使我明明白白读懂了他弘扬佛教的真正目的。讲稿中清清楚楚写道：“世界法中，不过平等二字，庄子就唤作‘齐物’。并不是说人类平等，众生平等。要把善恶是非的见解，一切打破，才是平等。……老庄第一的高见，开宗明义，先破名言，名言破了，是非善恶就不能成立。……现在拿着善恶是非的话，去分别人事，真是荒唐谬妄到极处了。”为什么这样说呢？他以庄子《齐物论》中“尧伐三子”为例说，世上本没有什么陋与不陋之别，尧欲伐三子，仅仅借口他们是“蓬艾”，即“至陋”之意，这完全是借口，因为世上“是非善恶等想，只是随顺妄心”，本来就没有什么善恶，“惟有无所为的未长进，可以说是真善真恶，有所为的长进，善只可说为伪善，恶也只可说为伪恶”。太炎这些理论似乎过玄，但他用这些理论去结合实际说：“世上许多野心家，不论东洋西洋，没有一个不把文明野蛮的见，横在心里。……以至怀着兽心的强国，有意要并吞弱国，不说贪他的土地，利他的物产，反说那国本来野蛮，我今灭了那国，正是使那国的人民获得文明幸福，这正是尧伐三子的口柄”，“所以第一要造成舆论，打破文明野蛮之见，使那些怀挟兽心的人，不能借口。……文明野蛮的见，既先打破，那边怀挟兽心的人，到底不得不把本心说出，自然没有人去从他。”读到此，太炎苦心研究佛学，究是“出世”，还是“入世”，不清清楚楚了吗。

八十年前的中国，面临外强蚕食，而清政府又堕落为外强之走狗，先祖父认为，“世争纷纭，人民涂炭，不造出一种舆论，到底不能拯救世人”，因此他运用佛教中平等论，大声疾呼，民族与民族应该平等，国与国应该平等，人与人应该平等，文化与文化应该平等。如果一个民族去压迫另一个民族，一个国家去吞并另一个国家，一个人去欺负另一个人，一种文化去替代另一种文化，都有违平等，佛理不容。这里，太炎显然将佛学资产阶级化了，使佛教适合于近代中国资产阶级民主革命的需要，对人的思想起了解放作用，这实在是一种贡献。

先祖父提倡佛学平等论，还有另一层意思，即表现在他的哲学观与文化观上，强调每一个民族所具有的文化，都具有自己的特殊性格，不必也不应与别种文化同化。一种文化不必臣服于另一种文化，而应站在平等的地位进行交流。如果不尊重别国文化特性，要从一种文化去同化另一种文化，这就是“文化帝国主义”行为，不应屈从，这就是他文化多元论的哲学观。为此他撰《齐物论释》一著，以佛释庄，以庄释佛，付出了巨大精力与智慧。他很自负地称该著“一字千金”，可传之于后，因为他自以为真正读懂了庄子的本意，只有“循齐物之眇义，任夔蚿之各适”，人类才能进化。在这方面美国华裔学人汪荣祖教授率先作了深入研究，见解甚精。汪氏认为太炎从文化多元论出发，强调无论以中国文化或西方文化统摄一切，都有违平等齐物之义。所谓齐物，即一往平等之谈，只有不求强齐，才能存异，只有存异，才能平等。按此意，就人格而言，应尊重个性的独立，就文化面议，应各尊其异，表现出太炎在强大的西方文明冲击下，寻求中国文化独立自主的思想趋向，以及致力保存自己国家特性的卓识。他在这种理念下，既反对强国以“文明”为借口取代“野蛮”弱国，也反对弱国对强国的盲目崇拜与抄袭，以为别国行得好的制度，搬来本国也一样行得通，像一剂良药，既可医人，必可医我，这是荒谬的，也有违齐物之说，也不符合佛教平等之理。太炎这些思想，至今不乏醒世之教，尤其在建设有中国特色的社会主义的今天，中国人决心走自己的路，我们重研太炎的佛学观，实在有另外一番滋味，是发人省思的。

关于先祖父佛学研究的经历，如他《自定年谱》所述，始于三十岁前后，受友人夏曾佑和宋恕劝导而始，但心得无多，直至1903年，因“苏报案”入狱，悲愤而后有学，西牢三年，“专修慈氏世亲之书”，“晨夜研诵，乃悟大乘法义”。他将佛法与儒学、道学、西学相较，发见华严与法相宗，与他所治朴学相吻合，所以他说：“此一术也，以分析名相始，以排遣名相终，从入之余，与平生朴学相似”（章太炎《自定年谱》），因此十分酷爱，也很有心得。他将儒、道、佛三家学术相较，游刃于三教之中，使他对中国传统文化有了更全面深刻的理解，并运用传统来反对传统，为近世民主革命制造了舆论，与孙中山、黄兴并称“辛亥三杰”。先祖父辛亥之前撰写的佛学著作有：《建立宗教论》《人无我论》《五无论》《四惑论》《无神论》《大乘佛教缘起说》《大乘起信论》等等。辛亥以后，又遭袁世凯幽禁三载，困厄之中，再次潜心读释氏经典，排遣幽愤，与弟子吴承仕反复讨论教义，成《菿汉微言》，仍然将佛学与时代及政治相联系。但到他晚年，佛学研究则愈来愈纯学术化了，和者及社会影响也日寡。

至于先祖父的其他佛学论稿，则散落于诸多报刊杂志中，篇幅甚多，另有不少手稿，一直珍藏在寓中，先祖母将它辑成一大包，是他身后未刊稿中数量最多的一部分。先祖父弟子成群，独无继承他佛学的，大概此学最为难学，故知音无多。他的女婿朱铎民（镜宙）先生，1949 年去台湾后，弃政专治佛学，致力刻经工作，于九十二高龄去世于台湾，他是否继承了太炎的佛学，因两岸隔绝甚久，我们没有往来，连他的著作也未能读到，也不得而知，仅从《传记文学》读到他的记载，以及前几年接待星云法师时，星云法师告诉我，他与铎民姑夫同室十载，说他勤于佛学，著述甚多而已。1979 年，国务院古籍整理出版规划领导小组决定出版先祖父全集，由上海人民出版社负责组织力量出版，先祖父佛学规划独成一集。当时出版社编辑与一些弟子及学者，纷纷来苏州寓中阅读藏稿及资料，大家都曾见过这一大包佛学论稿。可是，不久再也找不到这包手稿了，我与家父遍寻不得，竟不翼而飞了，大概这包被冷寂了半个世纪的手稿，找到了识主，欣然私奔了，只好怪我们太冷落了它的缘故。窃者肯定是位君子，我只恳阁下能早日将这些文字公之于众，让世人得睹太炎佛学的全貌，我将不胜感谢。

写于 1992 年 1 月 21 日沪上旧宅

章太炎的印章[*]

先祖父太炎先生作为一个文人，就像旧时代众多文人，都很重视自己的笔、墨、砚、印。这里想专门介绍一下他的印章。

印章对先祖父来说是必不可少的，与人的书信往来，为人撰文，所书的墨件……都少不了要钤印章。这个时代有些文人印章多达百余枚，书画家更重视印章，收藏更多。有名印、号印、闲章，形式非常讲究。但先祖父印章属于比较简单的，我所见只有四五十枚，用材也很一般，但都很好地收藏在一个红木的匣子里。我在年轻时曾钤了一套，如今也不复存在了，一部分捐赠给了章太炎纪念馆，一部分兄弟姐妹五人各收藏了几枚作为纪念，老宅只剩下不多几枚了。

如今我找出了当年钤下的印谱整理出来公之于众，补充章太炎研究的空白，供世览阅。

先祖父名炳麟，字枚叔，曾名学乘，又名绛，号太炎，笔名

---

* 此文系新作。

菿汉等，又称余杭先生。先祖父的印章主要以这些名号为内容，兹分别介绍如下。

1. 对章　章炳麟印　太炎

这是先祖父常用的印纽，如今家藏。

2. 对章　章炳麟印　太炎

这也是先祖父常用的印纽，如今家藏。

3. 对章　章炳麟　太炎

常用印章，家藏。

4. 对章　炳麟印信　太炎

常用印章，家藏。

5. 对章　章炳麟　菿汉

先祖父印章中多名号章，如“章太炎”。又有室名笔名章，如“菿汉”，特别用“菿汉”印章很多，可见先祖父很偏好“菿汉”一名。1913年至1916年，他被袁世凯囚禁于北京，书信往来与撰文时始常用“菿汉”一名。他在给先祖母信件中称“吾寓称菿汉”，“菿读音倬”，“大的意思”，很大很深很广谓菿，菿汉为大汉也。他在北京与弟子吴承仕讲学，成口义167则，成《菿汉微言》一著。他一生中以“菿汉”命名的著述还有《菿汉昌言》，成于1925年至1928年，由他自己记录。另外还有但焘记录的《菿汉雅言札记》及《菿汉闲话》等。这两枚印章为家藏。

6. 对章　章炳麟印　太炎

常用印章，家藏。

7. 对章　章炳麟印　太炎

常用印章，家藏。

8. 对章　章炳麟印　太炎

与第二对章似乎一模一样，但它是一对仿印，不知谁是正印，谁是仿印。

此对章捐给了章太炎纪念馆。

9. 太炎篆书

这是先祖父作篆书时盖的印章。他擅长小篆，正规书件均为小篆，恪守古文经学家法，偶也作大篆，仿金文等。

此章捐赠杭州章太炎纪念馆。

10. 章炳麟印

常用印章，捐赠章太炎纪念馆。

11. 对章　章炳麟　太炎

这是他用得最多的印章，为我收藏。

12. 对章　章炳麟　太炎

这也是他常用的印章，为我收藏。

13. 章炳麟印

常用印章，家藏。

14. 章炳麟印

常用印章，家藏。

15. 章炳麟印

常用印章，家藏。

16. 章炳麟

常用印章，家藏。

17.（未识别出）

18.（未识别出）

19. 章太炎

单章，捐赠给杭州章太炎纪念馆。

20. 太炎

单章，家藏。

21. 太炎

单章，家藏。

22. 太炎

单章，家藏。

23. 太炎

单章，家藏。

24. 太炎印

单章，家藏。

25. 太炎

单章，家藏。

26. 菿汉

单章，家藏。

27. 菿汉

单章，为我收藏。

28. 庄敬

闲章，为我收藏。

29. 菿汉

单章，捐赠杭州章太炎纪念馆。

30. 章印

单章，捐赠杭州章太炎纪念馆。

31. 炳麟长寿

闲章，捐赠杭州章太炎纪念馆。

32. 中华民国老人

闲章，家藏。

先祖父参加辛亥革命，推翻清王朝，推动建立了中国第一个民主共和政体，国名“中华民国”出于他笔下。辛亥革命成功之后，国家卷入新老军阀混战，直到1927年国民革命“北伐”成功，国民党一统天下，改五色旗为国民党党旗，定都南京。先祖父一直不承认国民党政权，以“民国遗民”自称，刻“中华民国老人”印章，以志心胸。

33. 护法后援公章

单章，家藏。

1925年前后，国民党内一帮右派，反对蒋介石，反对“北伐”，成立了一个“护法后援会”，以护法为名，以正统自居，抗衡蒋介石。他们拉先祖父为头领，对抗“北伐”，组成了这团体。此章捐章太炎纪念馆。

34. 章氏学会印章

学会印章，家藏。

1934年，先祖父定居苏州，创办“章氏国学讲习会”，又称“国学会”，也称“章氏学会”。

35. 章氏国学讲习会

讲习会便章，家藏。

36. 章氏国学讲习会印

讲习会公章，家藏。

37. 余杭章氏藏书

先祖父藏书印章，家藏。

38. 菿汉夫子藏书

藏书印章，家藏。

39. 私立太炎文学院校董会

太炎先生去世后，章氏国学讲习会改为太炎文学院，迁往上海，校址设在河南路五洲大药房顶层，组织了校董会，董事长为汤国梨，理事有朱希祖、汪东、金毓黼、马宗霍、王乘六、诸祖耿、潘承弼、沈延国、龙沐勋、孙世扬、潘重规、黄焯。

40. 噫微斯人

闲章。

41. 双树草堂

闲章，家藏。

1932 年，先祖父准备赴苏州定居与讲学，经人介绍购买了侍其巷一花园住宅。房前有大树两株，他很满意，取名“双树草堂”，后因环境嘈杂而另购锦帆路住宅，该住宅供恽铁樵养老，并作学生宿舍。

42. 六桥居士

闲章，家藏。

锦帆路住宅附近有一桥，有人称“乐桥”，也有人称“六桥”，此章是否属先祖父存疑。

43. 亚父者范增也

闲章，家藏。

44. 苦心岂免容蝼蚁

闲章，家藏。

45. 太炎六十八已后之书

闲章，捐赠章太炎纪念馆。

先祖父对自己书法作品盖上此章以分辨创作年份。

46. 太炎六十八已后所书

闲章，家藏。

47. 癸未甲子春

闲章，家藏。

48. 子杭

先祖父小儿子号，家藏。

49. 章炳麟印

单印，捐赠杭州章太炎纪念馆。

先祖父印章我所见仅有49种，对章10种，共59枚，不少是名章，号章，还有笔名“菿汉”章多枚。还有部分闲章也很重要。这些印章也是太炎先生存世文献的一个组成部分，只是鲜少有人论及于此，特补充于此。

写于2018年12月24日平安夜

1
2
3
4
5
6
7
8
9
10
11
12
13
14

15

16

17

18

19

20

21

22

23

24

25

26

27

28

29

30

31

32

33

40

44

45

34

41

46

35. 章氏國學講習會

36

42

47

37

43

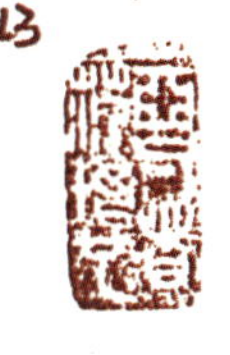

48

38

39

49

章太炎的藏书[*]

一

知识分子读书、爱书、藏书、写书，终生与书打交道，这是他们的天性与嗜好，先祖父亦然。早年他奔波离乱，不断迁居，但行囊中最多的还是书。1913 年，辛亥革命后第二年，他终于成了家，但旋去参加“二次革命”，被袁世凯囚于北京，他给家里写信，念念不忘他的书籍。他跟我祖母说：“家中颇有医书二三十部，皆宋明精本，数年搜求，远及日本，而后得之，望为我保持也。”后他迁居同孚路（今石门一路）同福里，他的弟子陈存仁于 1930 年去看他，说：“到处堆着书，书橱不多，大多用木板搭成的‘书架’，上面放了许多书，几乎把木板压弯了。”“大概有木版书近八千册。”1934 年先祖父迁居苏州，购买了锦帆路二幢楼房。第一幢系他居住，二楼是书房与卧室，楼房东侧，造了一幢二层小楼，与书房相通，这就是他的藏书楼。在当时的苏

---

* 此文系新作。

州也算得上有点规模的藏书楼了。

1936年先祖父去世，1937年日寇占领苏州，举家逃离，八年之中，损失甚巨。1949年后，我们迁居“章氏国学讲习会”旧址，这是五上五下的旧居。二楼作卧室，用去三室，另有二室放置图书。一楼五室除客厅没有放书，余四室均书架林立，放满书籍。一共有多少书，不知有否统计。今存有一册书目，封页注明“民国廿八年春编目”——“葑汉室藏书”，共一百七十多种，3809册，不知是谁整理，但至少证明在1949年这些书还是存在的。

1949年后有一待业青年，姓周，大家叫他大宝，酷爱国文，来我家帮助整理过图书。他编了个书目，在这本书目最后写道：“1961年12月27日暂止，已理之书计近9240册（尚有部分线书未录），共684种。”为什么“暂止”就不知道了，还有多少书籍没有登记也不知道了。

先祖父逝世前曾立下遗嘱，遗嘱中清楚交待了他的藏书——“余所有书籍，虽未精美，亦略足备用，其中明版书十余部，且弗轻视。两男（注：我父亲和叔叔）能读则读之，不能读，亦不可任其蠹坏。当知此在今日，不过值数千金，待子孙欲得是书，虽挥斥万金而不足矣。”这说明先祖父很重视自己的藏书，也深知这些书的价值。

家里这批藏书，1949年后长期收藏于苏州寓所，但家里只有老祖母、父亲等三四人，要照顾这批书，实在是很困难的，年年要清理、晒书、除虫、防霉、防潮、防盗……实在是我们心头大患。但我们子孙又很知道它的意义与价值，没有一个人去拿走一本，私藏一本，而是一起呵护着这批书。

但是要靠一家的力量来保全这批珍贵的藏书是越来越困难了，国家又刚刚结束“文革”，虽不再革文化的命了，但要非常重视文化还没有这能力。这时听说广州暨南大学图书馆非常想得到这批书，于是先父决定将这批送给暨南大学，哪怕给予的奖励很微薄，他还亲自造了书目，共二十页，计 3800 册左右，不少书有先祖父句读、手批、题耑、序跋等，于 1984 年初交给了暨南大学。见文末附录先人整理的书目。

从先父编订的目录，足见我们家对这些图书的重视、编订注释得一清二楚，对这批珍贵图书的保护程度之深。但无论暨大编的《章太炎先生藏书目录》与齐鲁出版的《章太炎藏书题跋批注校录》，都一字未提这批珍贵图书系我父亲章导先生捐赠的。

二

暨南大学图书馆得到这批书后，如获至宝，十分珍惜，立即造册，编印《暨南大学图书馆章太炎先生藏书目录》，以后又出版了《章太炎藏书题跋批注校录》，获 2012 年全国优秀古籍图书一等奖。

按暨大图书馆统计，章氏家族捐赠图书“共三百二十一种，三千九百二十三册。按四部计，则经部四十四种（有批注六种），三百二十九册；史部四十九种（批注五种），一千一百四十册；

子部一百零五种（批注二十五种），五百二十二册；集部五十八种（批注九种），三百八十七册。另有丛书六十五种（批注十九种），一千五百四十五册”，构成了一个较完整的图书数据体系，成了暨大图书馆的镇馆之宝。这批图书中“有《百川学海》等十一部明刻本，加之清乾隆以前的刻本，属善本范围者凡二十八种。而散落于藏书中尚未公开发表的太炎题跋、批注等遗文，尤为珍贵，具有重要的文物和学术价值”。

“在经部藏书中，除《易》《礼》《毛诗》《春秋》《四书》外，小学（文字、音韵）类图书，如《尔雅义疏》《释名疏证》《说文徐氏新补考证》《说文外编》《广韵》《集韵》《经典释文》，以及日人冈井慎季《五经文字笺正》等，共有二十种，约占所藏经部文献的百分之四十五。而在史部藏书中，更多的是诸如《小学考》《筠清馆金石文字》《历代钟鼎彝器款识法帖》《古籀拾遗》，以及大量的古泉、钱谱等书。这类文献正是太炎早年治学的着力点。太炎收藏史籍凡一千一百多册，然所作批注又仅见《汉书补注》《水道提纲》等三五部，批语十余则。子部藏书则广涉《老子》《庄子》《列子》《文子》《墨子》等著作，尤以医学和佛教典籍为大宗，这两类文献数量超过了子部全部藏书的百分之六十。可见太炎医学和佛教学研究用功甚勤。”

先祖父不重天文书籍，他说天文、五行一类书“习之何用”？藏书中也无戏剧类书。“其藏书封面、书眉、卷首末空句处亦多有批注、序跋、题记等手迹。所书评语、题记，长则百余字，少则寥寥数语，悉庄重不苟。批语内容，或发疑，或正误，或解惑，或纠谬，随手之间，颇多精义，反映出太炎学问的渊博、识断精审及学术思想情况。据统计，藏书中经太炎批注、句读、题端的书籍有六十余种，六百多册，批语、序跋、题记近八百条。”（以上引文皆出自《中国古籍珍本丛刊·暨南大学图书馆卷》前言）

虽然暨南大学图书馆与齐鲁书社出版的相关书籍均没有一字记录了这批藏书是章氏后人章导捐赠，但它终究有了一个最好的归宿。先祖父的藏书历经了一个世纪的颠簸，最重要的部分终于得以完整保存，剩余的书籍我们子孙也一定会很好加以保存。

三

1990 年 9 月，家父章导作古，这样我们家族的第二代人全部去世了。我们兄弟姐妹五个在办完父亲丧事后，将家中一切作了清理，除每家取一部分东西作纪念外，余下财物分门别类作了归纳，集中在两个房间中，统统交给弟弟章念翔保管。我负责清理造册，登记了剩下的所有藏书，除了工具书以外，尚有图书如下：

《章氏丛书续编》（原版）四册
《章氏丛书续编》（原版）四册
《章氏丛书续编》四册
《章氏丛书》（初版，残）二十五册
《章氏丛书》（再版，残）二十五册
《章氏丛书》（再版，残）二十一册
《齐民要术》四册
《龚定盦诗文真迹印影》（残）一册
《冬心先生自书诗稿》（续集）一册
《智永真草千字文》一册
《明拓乙瑛碑》一册
《汉碑范》（拓本）一册

《岛青镇志》（上下）二册
《瓯北诗钞》六册
《二林居集》五册
《汉武内传》三册
《回风堂诗》二册
《太平寰宇记》三册
《衡齐遗书》（残）二册
《庄子内篇提要》一册
《太上皇帝起居注册》一册
《唐马总通历》二册
《小石城山房文集》二册
《思适斋集外书跋》一册
《桃隖白泳》二册
《伤寒集病论读本》四册
《寄沤诗钞》二册
《今觉龛诗》二册
《浙江通志厘金门稿》二册
《释宫室》一册
《伤寒舌鉴》一册
《小学骈文》四册
《老子述义》一册
《李子瑾文录》一册
《古本大学述义》一册
《庄子内篇注》二册
《原富》七册
《赵松雪金刚经小楷帖》一册
《唐陆宣公集》六册
《施愚山文集》八册
《集韵声类表》一册
《渔洋诗话》一册
《漱玉词笺》一册
《评注林和靖诗集》二册
《纳兰词》一册
《随园文集》（残）十七册
《宋刻本十三经注疏》七十九册
《涵芬楼秘笈》八册
《史记》（仿殿本）二十册
《经史百家杂钞》十二册
《十八家诗钞》十八册
《陆象山先生全集》八册
《曾文正公十八家诗钞》二十六册
《论衡》八册
《续资治通鉴》三十二册
《资治通鉴》三十四册
《前汉书》十五册
《战国策补注》四册
《校正龙文鞭影》二册
《吊伐录》二册

《明季寔钞》二册
《后汉书》(残）十一册
《金石萃编》二十四册
《王遵严文录》二册
《增固东医宝鉴》二册
《御制数理精蕴》六册
《补辽史艺文志》六册
《蒙香室赋录》二册
《水云楼词》二册
《过江集》二册
《晏子春秋》三册
《花间集》一册
《陆宣公集》四册
《重修张苍水先生祠墓纪念集》一册
《苍水先生祠墓纪念集续集》一册
《致富全书》二册
《吴县西山访古记》一册
《佛经》五册
《原刻千百年眼》二册
《尚书篇谊正蒙》二册
《本草权度》二册
《武陵山人遗书》六册
《四明文献》五册
《初学记》十六册

《野容丛书》六册
《御览知不足丛书》六册
《宝颜堂秘笈》二十一册
《尚书》二册
《摭馀篇》三册
《磐谷集》二册
《大乘法苑义林章》七册
《说文解字部首》一册
《宋刻龙龛手鉴》一部三册
《新修本草》七册
《日本国志》八册
《畴人传》六册
《攀古楼彝器款识》二册
《四书识小录》一册
《四书绪馀录》一册
《尚书传授同异考》一册
《弇州山人四部稿》一册
《九旗古义述》一册
《犹太史》一册
《算滕余稿》二册
《王遵严文录》一册
《串雅内编》四册
《串雅补》二册
《评注李习之集》一册

《汉碑隶体举要》一册
《丛书集成初编目录》一册
《屈原姓歌今释》一册
《屈原》一册
《古文百篇》二册
《松海》一册
《元人曲论》一册
《小山词》一册
《忍寒词》一册
《艮庐词续集》一册
《吟兰轩诗草》一册
《清代词学概论》一册
《蕊庐遗集》一册
《晓珠词》一册
《耿天台先生全书》一册
《钦定四库全书总目提要四部类叙》一册
《维摩诘所说经》一册
《唯识三十颂诠句》一册
《家居诵持简易科仪》一册
《道学论衡》(上)一册
《墓刻佛教全藏》一册
《重订二课合解》二册
《阿弥陀经笺注》一册
《佛教中学课本》一册
《地藏菩萨本愿经》一册
《廿二史札记》六册
《详注经史百家杂钞》十七册
《圣武记》六册
《陈检讨四六笺注》八册
《通鉴纪事本末》(二部)十六册
《古文辞类纂评注》(上下)十四册
《黄梨洲遗书十种》九册
《宋史记事本末》八册
《杜工部草堂诗笺》六册
《御制数理精蕴》六册
《清鉴易知录》四册
《增图东医宝鉴》四册
《宋元学案》(四部)三十六册
《文选楼丛书》二十册
《颜氏家训》二册
《吴园周易解》二册
《孙子》四册
《武林旧事》一册
《南渡录》一册
《蟫隐庐书目》一册
《经义述闻》十三册
《风倒梧桐记》一册
《三颂精拓本放大合册》(帖)一册

《篆漉指南》(帖)一册
《校补廿四史约编》一部八册
《章氏丛书》(右文版)三十一册
《小学答问》三册
《章氏丛书》(浙版校点)二十一册
《黑龙江》二册
《四部丛刊续编》一册
《博古斋书目》一册
《苏州来青阁书庄书目》四册
《文学山房书目》一册
《汉文渊书肆书目》一册
《大华书店新旧书目》三册
《传习录集评》上下册
《春秋左传读》二册
《葑汉昌言》二册
《来青阁书目》一册
《周晋琦遗书三种》一册
《王湘绮先生全集》一册
《词韵论略》一册
《鉴止水斋集》八册
《天一阁宋拓石鼓文》一册
《春秋左氏传》一册
《说文段注订补》一册
《问山亭遗诗》一册

《定海厅志传》一册
《达生编校刊》一册
《说文引经例辨》一册
《注释渔洋诗话》一册
《研经社杂志》二册
《汉字母音释》二册
《海东逸史》(章点校)二册
《张皋文词选　董子远续词选》四册
《观古堂诗录》(叶赠)一册
《新唯识论》一册
《闺范》四册
《日知录校记》一册
《邓析子二卷》一册
《圣学宗传》八册
《词律》十册
《文献通考》二十六册
《达生约言》一册
《联珠集》(湖赠)一册
《完书图记》一册
《孟东野诗集》一册
《增评全图石头记》十六册
《金光明最胜王经》二册
《李子瑾文录》(章题款)一册
《毛诗正韵》(丁题词)四册

《绿遍池塘草》(吴赠)一册

《螽斯衍庆》(手本)一册

《程迓亭吴诗笺》(抄本)八册

《释氏十三经》一册

先祖母汤国梨常用书:

《寒山留绪》一册

《唐宋词论丛》一册

《唐绝诗钞注略》四册

《宋四家词选》二册

《唐诗三百首》六册

《增唐诗韵全璧》六册

《白香词谱》四册

《宋词选注》一册

《古诗源》一册

《山海经笺疏》六册

《楚辞》二册

《陶渊明文集》八册

《古唐诗合解》三卷六册

《四书典林》十册

《白香山诗集》六册

《词苑丛谈》四册

《娄東俞剑华诗词选》一册

《大铁词残稿》二册

《大銕诗残稿》一册

家藏先祖父著述目录:

《章氏丛书》(古书流通版,1924年)十二册

《太炎文录》(古文版)一册

《章太炎文钞》(上海进步书局)二册

《章太炎文钞》(中华图书馆版)五册

《春秋左氏疑问答问》一册

《国故论衡》一册

《新方言》(校点本)一册

《文始》一册

《国故论衡》七册

《章氏丛书》(浙江版)二十二册

《制言》三十册

《清建国别记》十册

《重订三字经》十册

《章太炎先生自述学术次第》十册

《古文尚书拾遗定本》十册

《猝病新论》十册

《自定年谱》十册

《太炎文录续编》二册

《章氏演讲录》十五册

《章太炎医论》二册

《訄书》一册

《家谱复印本》一册

上述书目三百多种，共一千二百多册，是捐赠暨南大学图书馆、杭州章太炎纪念馆后，历经半个多世纪变迁，家中所剩书籍，弥足珍贵，悉藏苏州故居，由我弟弟章念翔保管。

从我家的藏书，可以窥见先祖父思想与学问的来源，读了些什么书、批注了哪些书、收藏了哪些书，是研究太炎先生的重要组成部分，我抓住人生的尾巴，抓紧整理了他的藏书的来龙去脉，让后人可以一窥他的藏书的前前后后。

写于2019年1月14日

先父贺孙先生遗留的藏书目录
（原稿）

19　年　月　日　　第一页共　页

③ ✓李手瑾文録　　一册　有手跡影印序及印有批注　✓

③ 盧忠肅公集　光緒乙亥氏刻本　八册　有手批

③ 思辨録輯要　光緒木刻本　八册　有手批　✓✓

③ 医学指月　鉛印　七册（缺一册）有手批

③ 駢体文鈔　同治丁卯徐氏刻本　十二册　有手批

③ ✓尔雅郭注義疏　木刻本　七册（缺一册）有手批

③ ✓戴氏遺书　氏刻本　四函（卅六册）有手批

③ ✓李翰林集　西泠印社版　六册　有手批及句读　✓✓

① 已裱 △ ✓书古文训　木刻本　四册　有手批

③ ✓二程全书　重刻本　十二册　有手批

③ ✓普济本事方　日刊本　五册　有手批

① 已裱 ✓世说新语　光绪木刻本　四册　有手批

③ ✓二林居集　光绪木刻本　六册　有手批

③ 荊川文集　江南局刻本　十册　有手批　✓✓

③ ✓浪语集　瑞安孙氏刊本　八册　有手批及句读　✓

③ ✓毛诗正韵　日照尚綠堂丁氏刻本　四册　刻有李先生序及批　✓✓

③ 秦刻九经　木刻本　十册　圈点及句读　✓

装　订　线

81.11. 春印

	书名	版本	册数	备注
①乙救	水道提纲	新化三味书室校刻本	八册	有手批
③	王文成公全书	木刻本	二十四册	有手批
③	司马温公文集	康熙木刻本	二十四册	有手批
③	徐灵胎医书	校经山房版	十二册	有手批
③	伤寒论补注	太平轩版	六册	有手批
③	明理论	木刻本	二册	有手批
③	医门法律	经元书室版	十二册	有手批
③	伤寒贯珠集	绿荫堂版	四册	有手批
①乙救	前汉书补注	原刊本	卅二册	有手批
③	温病条辨	清刊本	六册	有手批
③	伤寒来苏集	博古堂版	六册	有手批
③	金匮要略注	清刊本	六册	有手批
③	吴又可温疫论	绿荫堂藏本	二册	有手批
③	金匮要略心典	崇德书院刊本	三册	有手批
③	周易时义	十二石鼓斋印本	五册	有手批
	古籀拾遗	原刊本	二册	有手批
③	江陵张文忠公全书	原刊本	十六册	有手批

③	黄式三丛书	黄氏试馆刊本	十六册	有手批	VV
○	说文苍疑	光绪木刻本	三册	有手批	3
①飞资 ✓	白沙子集	乾隆刊本	十册	有手写记	
③	广韵玉篇	道光东山精舍刊本	八册	有手批	VV
③	类记唐人书	木刻本	四册	有手批	VV
③	景德传灯录	天宁寺刊本	十四册	有手批	VV
② ✓	阮刻列女传	绣像本	四册	有句读、题签	
③	船山遗书	同治刊本	一百八十册	有跋及手批	VV
③	十三经注疏	光绪点石斋本	十四册	有手注	V兼手批
③	定本墨子间诂	木刊本	八册	题签	V
② ○	赵忠定别录	崇德堂刻本	四册	题签	3
③	尹河南文集	广宁陵书局本	四册	有手批及句读	VV
② ✓	墨子	浙局刊	四册	题签	
② ✓	商君书	浙局刊	一册	题签	
② ✓	文子	浙局刊	二册	题签	
② ✓	列子	浙局刊	二册	题签	
② ✓	新书	浙局刊	二册	题签	

② ✓ 經典釋文 崇文局刊 十二冊

② ✓ 六醴斋医书 原刻本 二十四冊 霉蛀

② ✓ 傷寒论疏義 日本刊本学训堂聚珍板 十冊

② ✓ 子疏 四川木刻本 二冊

② ✓ 筠清館金文 清刊本 五冊

② ✓ 姜先生全集 民国刊本 十八冊

② ✓ 鲍襄愍公集 木刊本 退補斋版 十冊

② ✓ 薛氏鐘鼎款識 清刊本 六冊 霉蛀

② ✓ 練子先生集 排印本 四冊

② ✓ 求青阁摹刊金石例 三冊

② ✓ 景祐天竺字源 罗振玉影印本 五冊

② ✓ 大戴礼斠補 孫詒让家印本 三冊

② ✓ 退菴彙稿 四冊

② ✓ 周书斠補 清刻本 二冊 霉蛀

② ✓ 一切经音义（四库未收书） 同治宝晋斋版 四冊

② ✓ 聖武记 古微堂板 十冊

② ✓ 吳興掌故 嘉业堂刊 四冊

81.11. 春印

①乙发 宋书 明万历刊本 七十二册（六函）
①乙发 晋书 明万历刊本 六十四册（八函）
② √外台秘要 本刊本 四十册 题端
② √古经解汇 钟谦钧本刊本 六十六册
×○ [illegible] [illegible] (4)
② √几何原本 同治刊本 八册
② √经典释文 清抱经堂刊本 十二册
② √百川学海 原刻本 十六册 题端
② √广百川学海 原刻本 十六册 〃
② √续百川学海 原刻本 十六册 〃
③ 真诰 铅印本 二册 √
③ 扎迻 初刊本 四册 题端 √
② √王临川全集 吴氏藏本 六册 朱书校对
③ 文子缵义 浙局刊本 二册 √
③ 卢校吕氏春秋 浙局刊本 六册 旁 √
③ 文字蒙凡 铅印本 二册 √
③ 山海经 清浙局本 三册 句读 √

② ✓ 楊忠愍公集 二册

② ✓ 漢学商兑 浙江书局刊本 四册

② ✓ 金华丛书 八册

② ✓ 不匱室诗钞 二册

② 意林 一册

② ✓ 釋宫室 排印本 一册

② ✓ 退庵钱谱 海陵丛刻第三种 三册

② ✓ 三字经集注音疏 清末刊本 二册

② 易斋集 清末刊本 二册

② ✓ 唐五代词选 词源 木刻本 二册

② ✓ 查隨庵词学 世德堂刊本 五册

② ✓ 吴白屋先生遗书 排印本 六册

② 礼记集说 嘉业堂版 二十四册

鑑止水斋集 木刻本 八册

② ✓ 白虎通 木刻本 三册

② ✓ 先聖大训 四明丛书本 六册

② ✓ 曾文正公集 传忠书局刊本 四册

装订线

③	忱讷集	排印本	四册	✓
③	永嘉四灵诗	排印本	二册	✓
② ③	古籀拾遗	瑞安孙氏原刻本	二册	✓
③	今诗箧衍集	缘元堂原刻本	四册	✓
② ✓	中庸证释	排印本	四册	
③	仪礼章句	遗书堂木刻本	四册	✓
③	慈湖书诗抄	原刻本	二册	✓
③	嘉泰吴兴志	嘉业堂刻本	四册	✓
③	汗简	华亭刻本	一册	
③	方言疏证	广雅书局刻	四册	✓
③	南征奏牍集	影宋刻本	三册	✓
③	大宝积经	宋刻本	二十四册	✓
③	说文徐氏新补新附考证	排印本	二册	✓
③	初唐四杰文集	广雅书局刻本	四册	✓
③	南来刘先生文集	排印本	四册	✓
③	金刚经论	杭州玛瑙经房刻本	一册	✓
② ✓	後漢书	明刻本	二十册	

81.11. 春印

③ 说文通检 木刊本 二册 ✓

③ 国学用书类述 铅印本 二册 ✓

③ 史记探源 北大铅印本 二册 ✓

③ 毛诗？ 六册 ①

② ~~[illegible]~~ 复盦文集 清刊本 五册

✓ ~~[illegible]~~ ~~[illegible]~~

③ 吕氏节录 清庆仁堂刊本 二册 ✓

③ 读易图说 铅印本 二册 ✓

③ 刘壮肃公奏议 铅印本 六册 ✓

③ 七颂堂诗集 清刊本 三册 ✓

③ 老子覈诂 排印本 二册 ✓

③ 离忧集 峭帆楼刊本 二册 ✓

③ 遯盦文稿 排印本 二册 ✓

② ✓ 邓制军禁烟防海奏议 清刻本 二册

② ✓ 穀梁春秋经传古文疏 声氏原刊本 六册

③ 海陵丛刊 第六种 为夜帅 六册 ✓

③ 法言疏證 燕附印局印 四册 ✓ 8

②	乐邦文类	四明 宗教刊本		四册	
②	大乘起信论	光绪刊本		一册	
②	净土四经	同治刊本		一册	
②	解深密经疏	金陵刻经处版		十二册	
②	成实论	〃		六册	
②	佛说华手经	〃		五册	
②	妙法莲华经	〃	同治刊本	三册	
②	维摩诘所说经	〃	同治刊本	一册	
②	般若理趣分述讚	〃		二册	
	显密圆通成佛心要集	〃	同治刊本	一册	有注夹片
②	相宗八要解	〃	光绪刊本	三册	
②	胜思惟经论	〃		二册	
②	华严经旨归	〃	光绪刊本	一册	
②	摄大乘论无性释	〃		四册	
②	摄大乘论世亲释	〃		三册	
②	大乘入楞伽经	〃	光绪刊本	二册	
②	瑜伽师地论	〃		一册	

②	大般涅槃经	光绪善成妙莲刊本	十一册	
②	憨山大师年谱疏	铅印本	一册	
②	普陀洛迦新志	铅印本	四册	
②	清凉山志	铅印本	二册	
②	峨眉山志	铅印本	二册	
②	天童寺志	木刻本	四册	
②	天童寺续志	寺院刻本	二册	
②	经中经又经	光绪木刻本 藏经院	二册	
②	中论	光绪 杨州藏经院刊本	二册	
②	華严经	木刻本	二十册	
②	六祖大师法宝坛经	日本鼓山涌泉禅寺板	一册	
②	般若心经口譯	日本印本	一册	
②	大乘阿毗达磨杂集论述记	金陵刻经处板	十二册	
③	大佛頂首楞严经	光绪刊本	三册	
②	大方广圆觉经直解	光绪杭州昭庆寺刻本	二册	
②	楞严贯摄	铅印本	四册	有夹片
②	成道记	虬宛虬江文室刊本	一册	

伟经

②	般若波罗蜜多心经幽赞	金陵刻经处		一册	
②	永嘉禅师证道歌注	〃	光绪刊本	一册	
②	胜鬘师子吼一乘大方便方广经	〃	〃	一册	
②	华严一乘十玄门 五十要问答	〃	〃	一册	
②	禅源诸诠集都序	〃	〃	一册	[illegible]
②	法华经论，涅槃经云何得长寿偈论	〃		一册	
✓	遗教经论 涅槃经本有今无偈论				
	十二门论宗致义记	〃	光绪刊	一册	
②	十二门论	〃	〃	一册	
②	十地经论	〃		四册	
②	阿毗达磨俱舍论记	〃		廿四册	(缺)
②	重订二课合解	杨州藏经院刊本		三册	
②	蕅益大师梵室偶谈	同治刊本		一册	
②	大乘阿毘达摩杂集论	清，天宁寺刊本		三册	
②	阿毗达摩俱舍论记义	支那内学院刊本		一册	
②	护法论	常熟刻经处版		一册	

	书名	版本	册数	备注
②	晏子春秋	浙局本	一册（不全）	题端
② ✓	明刻重墨?	木刻本	二册	句读
② ✓	儆居集	木刻本	八册	题端
② ✓	刘子遗编	光绪修版	六册	题端
② ✓	徐骑省集	清庚辰刻本	八册	题端
②	翰苑集	清光绪书局版	六册	题端
② ✓	权载之文集	庚辰刻本	八册	题端
③	纪晓岚笔记五种	木刻本	八册（缺二）	有手批 ✓
② ✓	蠛蠓集	明刻 ?	五册	
② ✓	史记索隐	汲古阁本	二册	题端
② ✓	水道提纲	传经书屋原刻版	八册	
② ✓	日知录	清刻本	十册 ✓	有批校，句读
✓	观古堂诗录	叶德辉题端赠	一册	
② ✓	章太炎观学录?	吴承仕题端赠	一册	
② ✓	尊闻居士集	辰刻本	四册	
② ✓	古泉汇	清李氏石泉书屋板	二十册	题端

(2) √ 五代会要 光绪刊本 六册 虫蛀

(2) √ 唐会要 江苏局刊 二十四册 虫蛀

(2) √ 粤雅丛书 不全 存八函，二百五十六册（缺二十八至二十三共六册）

(2) ○ 阅苑 四册 13 (7)

(2) √ 浅书 四川木刻本 一册

(2) ○ 皇清经解 三百五十一册（缺卷27~40, 44~49）

(2) √ 汲古阁索隐 木刻本 二册（缺一） 虫蛀

(3) 惠半农礼说 六册 √

(2) √ 五言楼诗草 排印本 二册

(2) √ 弘正四傑詩集 湘雨楼版 十九册

(2) ○ 古今待问録 知不足斋本 二册

(2) √ 寒碧集 明重刻本？ 一册

(2) √ 惜抱先生尺牍 咸丰木刻本 二册

(2) ○ 说文定声 武昌张氏著 二册

(2) √ 历録全书 琳琅閣版 二十四册 虫蛀

(2) √ 通志 浙江书局刊本 二百册

	书名	版本	册数
② √	汪中述学	原刻本	三册
② √	古诗纪	文枢堂原版	四十八册
② √	倩声阁词四种	排印本	二册
② √	~~周易费氏学~~逊学斋集	原刻本	十二册 ~~四册~~
② √	循园古冢遗文跋尾	排印本	二册
② √	癸巳存稿		九册（缺一册）
	五经训纂		十册
	天根文钞		四册
② √	说文段注订补	~~嘉业堂本~~	四册
② √	籀膏述林	孙诒让原刻本	四册
② √	五经文字疑正	日本刻本	四册
② √	半岩庐遗文诗	邵氏原刻本	三册
	~~重订三礼~~清代妇女文学史		一册
②	续通志	浙江书局刊	（不全）一百九十七册（缺三册）128
②	通考		一百十九册（不全）
② √	说文发疑	张行孚著 未刻本	三册
② √	陶密庵先生遗集	峤遗书馆刊本	六册

装订线

		书名	版本	册数	备注
②	✓	古錢杂錄	叶德辉著(木刻)	二册	题耑
②		古文辞类纂	木刻本	二十四册	⑫
②	✓	小学考	清刻本樹經堂校	十六册	
②	✓	南齐书	明刊本	二十二册(缺首册)	
②		[crossed out]说文外编	清刻本	五册	
②	✓	秋士先生集		二册	
②装	✓	包孝肃公奏议		四册	
订		何晏论语集解	清仿元刻本	四册	
②	✓	[crossed out]荘子	浙江图书馆刻本	四册	
②钱		荘子義证	鉛印本	六册	金德建校
②		容斋随笔	洪氏原版	}	题耑
②		容斋续三四笔	洪氏原版	十四册	题耑
②	✓	法言义疏	鉛印本	八册	校
③	✓	釋名疏证	經训堂本重校	二册	有批 ✓✓
②		集韵	重刊本	十册	题耑
①乙畨	✓	鲒埼亭集	原刻本	十六册	书签，句读

	书名	版本	册数	备注
③	絅旧闻斋调刁集	铅印本	二册	✓
②	✓唯识二十论	日本刊本	二册	有注
②	✓唯识论枢要	日本刊本	四册	有注
②	✓耿天台先生全书		六册(缺七至十六卷)	
②	✓郭良斋遗书		六册	
③	柯氏伤寒论注	扫叶山房刊本	六册	有手批
②	✓孙刻元和姓纂	庆刊本	十二册	墨笔
	✓说文外编	清庆刻本	六册	
②	✓论语	古逸本	四册	
②	✓诚意伯集	清刻本	十册	墨笔
②	✓礼记训纂	清刊本	十册	
②	✓周易费氏学	重定刊书	四册	
②	✓三订四书辨疑	铅印本	四册	
②	✓粤雅丛书续集		一百册(六函)	
②	✓日知录集释	清刊本	二十册	
③	墨子闲诂	涵芬楼影印本	八册	有校句读✓

②	史通（四部丛刊）	涵芬楼影印本	四册
②	周书（〃）	〃	十二册
②	故唐律疏义（〃）	〃	十二册
②	栾城应诏集（〃）	〃	二册
②	朱文公校昌黎集（〃）	〃	八册
②	注释音辩唐柳先生集（〃）	〃	八册
②	国语（〃）	〃	四册
②	尚书（〃）	〃	二册
②	论衡（〃）	〃	八册
②	新序（〃）	〃	二册
②	说苑（〃）	〃	六册
②	弘明集（〃）	〃	五册
②	陈伯玉文集（〃）	〃	三册
②	汲冢周书（〃）	〃	一册
②	盐铁论（〃）	〃	二册
②	人物志（〃）	〃	一册
②	苏学士文集（〃）	〃	三册

装订线

小畜集	四部丛刊涵芬楼影印本	六册
小畜外集	〃	一册
廣弘明集	〃	十二册
前汉纪	〃	六册
后汉纪	〃	六册
扬子法言	〃	一册
李直讲文集	〃	八册
潜夫论	〃	二册
鐵崖二集	〃	二册
元次山文集	〃	二册
元丰类藁	〃	十册
墨子	〃	八册 有注
孟子	〃	三册
论语	〃	二册
春秋经传集解	〃	六册
河南穆公集	〃	一册
毗陵集	〃	四册

	书名	版本	册数	备注
②	嘉佑集	四部丛刊涵芬楼影印本	二册	
②	宛陵集	〃	十二册	
②	战国策	〃	六册	有注
②	栾城集	〃	二十册	
②	尚书	〃	二册	
②	礼记	〃	五册	
②	周易	〃	二册	
②	周礼	〃	六册	
②	毛诗	〃	四册	
②	广韵	〃	六册	
②	十三经证异	铅印本	三十二册	
②	宋翔凤过庭录	排印本	六册	
	宋本孝经注疏	清刊本	二册	
②	春秋繁露	清刊本	二册	[illegible]
②	四库简明目录标注	清刊本	六册	
	尚书通义	〃	一册	
	礼经通论	〃	一册	

书名	版本	册数
三国志		八册
重订穀梁春秋义疏	清刻本	六册
徐州二遗民集	清刻本	五册
小腆纪年	清刻本	十册
小腆纪传	清刻本	十六册
通典	清刻本	四十九册（缺一册）
续通典	〃	三十九册（缺一册）
续通考	〃	一百二十册
五礼通考	〃	一百册
重刻宋本十三经注疏	清重刻本	九十六册（不全）

共计约 3800册左右

注：1、有手批 即有章先生手批

2、题端 即章先生手题

3、句读 系章先生有句读

4、有批校，系其他人所批或手校

5、有其它缺本或铅石、近代印本，不列入。

6、本书目或有重复、版本或有误，以原本为准。

章太炎身后一段鲜为人知的经历*

一次会议期间，身旁坐了位年轻人，不知他怎么知道我是章太炎后人，轻声问我："你读了日本学者高仓的《苏州日记》吗？里面记录了你祖父身后墓葬事！"我暗暗大吃一惊，这是一段鲜为人知的经历，连最有研究的历史学家都鲜少涉及这些文字，他怎么会有所了解？我回答他说："没读过，怎么可以读到？"他痛快地说："网上有卖，我买了送你！"于是我们交换了名片，才知道他叫姚伟，嘉定区教育局长。

不多日子，我果真收到了这本书。作者是日本高仓正三（1913—1941），书名《苏州日记（1939—1941）——揭开日本人的中国记忆》，翻译孙来庆，2014年苏州古吴轩出版社出版。

我一口气读完了这部《日记》。这部《日记》将我带回到这段历史的记忆之中。

---

* 此文系新作。

我祖父章太炎先生是1936年6月14日去世的，这时中华大地早已战火连天，第二年抗日战争全面爆发，中国政府发布自卫抗战声明。不久上海沦陷，苏州也危在旦夕，人们惶惶不安，纷纷准备逃难。当时国民政府虽下达了“国葬章太炎令”，但谁又顾得上国葬章太炎呢?“国府”都忙着“迁都”。我们家上上下下也忙着逃难，我母亲还怀着我大哥，一家老老少少几乎走投无路。祖父虽入敛棺中，但无法安葬，尤其祖父生前希望傍杭州西子湖畔张苍水墓而葬，更是难事。6月，枪声可闻，于是只好将后花园中一鱼池的水抽干，铺上石灰，将灵柩暂厝于池中，盖上新土，草草掩埋，没有墓碑，似墓非墓。而后一家便踏上了逃难之路，只留下了一个老男仆留守，看管两幢住宅、两幢校舍、一座新墓。

7月，苏州沦陷，在日军占领前，汉奸、地痞、流氓先对逃亡的大户人家进行了洗劫，日军占领后，我家又被日军占据。驻军发现了后园有个新建的大土堆，怀疑埋了财宝或军火，想要开挖。于是老佣苦苦跪求，说这是太炎先生墓，挖不得。驻军便向上报告了，于是来了军官视察，后来居然不仅不挖了，还撤走了驻军，据说还有过军官来吊唁……这一切都是以后来自各方面的“道听途说”，我们一家在外避难，十年后才重回苏州。真相究竟如何，无从知晓。所以所有历史学家笔下的章太炎都写到了1936年去世就结束了，不知他的身后还发生过许多故事。

祖母带领我们一家从苏州逃到吴中穹隆山，又逃到浙江义乌，又逃到金华——桂林——温州，最后又回到上海。当时国也没有了，人如浮萍，真是“民族恨、靖康耻”，何来家？于是她写了首诗，题为《高楼——自桂林辗转至上海，凭居小楼避风雨，苏州住宅全被汉奸占有》：

羁客频年滞岁华，田园寥落已无家，
梦中不觉成飘泊，犹向东篱采菊花。

此时祖母弟弟恰也逝世，葬于上海中国公墓，而祖父则暂厝于苏寓后园，她在流离途中，写了《仲弟葬沪郊中国公墓，外子厝于苏寓园中，今二地相继失陷，拜扫无由，诗以志恨》：

芳草萋萋绿接天，陌头花落柳吹绵。
经年梦断吴门路，何日招魂歇浦边。
藉地血飞寒食雨，连郊烽急夜狼烟。
榆钱飘尽春无主，野哭无人冷墓田。

祖母作为一个诗人，她笔下的家国之痛，今天我们的年轻人也许很难理解。我们的许多“抗战戏”，到了荒唐地步，让人越来越不懂历史，变得世事不通。而当初我们的家，就是这样毁于这场侵华战争之中，祖父身后只能孤零零暂时厝在一个池塘中，墓上长满一人高的荒草。

一个人身后遭遇，不仅事涉个人荣辱，更是国家安危与国运盛衰的标志。

就在苏州被日军侵占的两年之后，日本京都东方文化研究所派出了几位学者，到被占领国作“文化考察”，他们又是隶属日本外务省的“特别研究员”，深入细致研究这个被占领国的民族风情、历史文化、书籍文物……高仓正三就被派往苏州，研究吴语、吴文化、吴风俗……并收集唱词、唱片、书籍、资料……他于 1939 年 9 月 27 日正式到达苏州，开始对华精细考察。

高仓氏是日本著名汉学家吉川幸次郎教授（1904—1980）的学生。吉川教授是文字学家，狩野直喜的弟子，日本的文字学家大多深受太炎先生影响。吉川教授 1928—1931 年曾来华留学，师从马裕藻、钱玄同、沈兼士，专攻中国音韵学，而这几位教授，均是祖父的入室弟子，所以吉川教授对太炎先生格外崇敬。因此高仓氏到苏州的第一个任务即是去凭吊俞曲园故居及章太炎墓地。俞曲园又是太炎先生的老师，代表了清末汉学的最高境界。这一切大都与高仓氏的老师有关。

10 月 2 日，高仓氏到达苏州不到一周，即去凭吊了俞曲园的故居与章太炎墓。在他《日记》里写道：“章太炎的墓在他家后花园的菜田里，听说是为了应付紧急事变而做的假墓，家里只剩下一个空壳，只有遗像而已。”他在给同事日比野信中也说道：“前天，我去了曲园和章太炎家，以及参拜了他的坟地。面对着杂草丛生，被一丈多高的桑树所遮掩并葬在后院田里的坟墓，真令人万分扫兴。”高仓氏在给吉川老师的第一封信中，也说道：

千三百三十二號

一代詞宗成物化

章太炎遺骸安葬

△蘇州分社二十五日電　中國國學家元老號稱國學大師之章炳麟（太炎）氏、與孫總理、黃興等並稱爲革命三傑，北平走行狀、頗多記述，自隱居蘇城錦帆路四十七號後終日埋首文學，閉門謝客，嗣於

一代文豪之靈柩，迄今四載，尚未卜地安葬，較之孫黃身後榮哀，自不可同日而語。據悉章氏生前在革命叢刊報紙「民報」創刊時代，與汪主席本爲至朋，且均有相當歷史，國府遷[illegible]

"我已知道曲园和章氏坟墓的所在地，不管什么时候，我都可以带您前往。"10月31日，高仓氏又带了上海同文书院的小竹氏"去了章氏墓和曲园"。11月，他又陪了苏州日军石井中尉去参观了章墓。

高仓氏《日记》为我们提供了一段史实，即章太炎墓确在他家花园里，没有任何标志，所以被认定为"假墓"，墓地极其荒芜，住宅被洗劫一空，只剩下章太炎遗像。

10月23日，高仓氏在给吉川教授信中说，"听说苏州的过部队长设法把此墓整修一番"，所以他托东方文化研究所同事"写一份有关章氏事迹的调查书"。

高仓氏在给吉川教授另一封信中说，他曾向苏州"当地负责人"反映过此事，"负责人就回答我们说，像这么有名望人的墓，落得这么荒凉境地，实在是不好意思，正想加以整修"云云。11月14日，下午二时左右，石井中尉来电，嘱他即去看章氏墓地。高仓氏在他当天日记中写道："墓已经打扫得干干净净，清洁漂亮"了，并按日本风俗树立了墓碑等。

12月15日，《日记》记载了高仓氏写了一篇"拟发表章太炎墓的草稿"，题为《日过部队长修复章太炎墓》，称"我过部队长仁慈为心，世所共知，尤对文化，最为关心，顷悉章氏坟墓，无人清扫，遂命部属，略加修葺，以待将来盛葬"，并"亲往吊之"，以示"对于如此东方文化界功臣，常持敬爱之念"云云，对此举动，大加赞扬。

12月16日，收到仓田淳之助寄来的《章氏传》，于是高仓氏急急忙忙将这两篇文稿“送到了队长手里”，并附上了墓地的照片。这两篇文稿及照片应该是发表在什么报刊上的，日本侵略军是不会不宣传为“大东亚共荣”做下的这件好事的，只是我还没有找到这些资料。

从高仓氏的《苏州日记》，印证了章太炎身后的墓地曾得到过日本侵略军保护的传说。我在父亲遗物中，见过一小张残破的剪报，应该是祖父暂厝苏州家园的照片，似乎是经过了修葺。

我记下这段鲜为人知的历史，并不是为表彰日军的功德，而想说中华文化曾如此巨大地影响过日本，让日本良知未灭的人士都不得不对中华文化的功臣心怀敬意。说到底，这也是对自己文化的敬畏。中华文化对中日之间影响是深远的，始终存在着一些“知日派”与“友中派”，吉川幸次郎教授就是其中之一，他毕业论文即是《倚声通论》。他精研中国的音韵文字训诂，而我祖父则是最杰出的音韵文字学大师，尤通音韵。吉川教授在 1949 年后，两次率日本中国文学访华使节团访华，他任团长。他长年坚持穿汉服，讲汉语，用汉文……因而受到日本右翼监视，而他这种亲华力量来自中华文化。

祖父作古八十一载了，他的身后事不仅反映了他身后的荣辱，也反映了国运与家运的盛衰。1936 年他去世以后，国家被日本侵占了大半国土，只好草草掩埋于池塘中，无碑无名，几成野墓，侵华日军中天良未泯者出于对文化名人的敬重，为他墓作了修葺。1954 年，新中国初建，周恩来总理在百忙中亲自过问

油画棒写生：祖父墓地修复（1981 年）

了祖父身后事，嘱江苏省成立迁葬委员会，嘱浙江省成立治丧委员会，将祖父遗棺从江苏迁到浙江，隆重安葬于西子湖畔南屏山下，国民党政府没办成的“国葬”，共产党政府办成了。1974年，“文革”进入了“尊法反儒”阶段，毛泽东亲定章太炎为中国“十大法家”之一，而祖父的墓地，恰恰于此时被挖，被抛尸弃棺。祖父墓没有毁于“文革”初期，而恰恰毁于此时。一代大文豪就这样被挖墓弃尸，让人百思不得其解，这是为什么？1981年，“文革”结束以后，国家开始了“改革开放”，大搞“拨乱反正”，祖父墓又被修复了，他的遗骨也总算被找到了几根。1986年，他的墓前又建起“太炎先生纪念馆”，他的故乡又建起了“章太炎故居”，被当作了国家级“文保单位”。

这一段曲曲折折的历史，章太炎身后的这段曲折的经历，给我们留下了许多思考。一个历史人物的身后评价、对待、纪念、继承……包括墓葬，都反映了这个民族的素质、国家的兴衰、政治的清明、文化的地位……章太炎身后的经历是最好的佐证。

写于2017年7月6日

两部“章学”研究的新著*

——评《鼎革以文》《章太炎与明治思潮》

上海人民出版社在完成《章太炎全集》出版后，推出了“章学研究论丛”，最近又出版了两本新著。一本是旅日东京大学教授林少阳撰写的《鼎革以文——清季革命与章太炎“复古”的新文化运动》；另一本是日本京都产业大学教授小林武的《章太炎与明治思潮》，这是国内第一部翻译出版的日文章太炎研究著作。两本著作都是研究章太炎早年思想与学术的力作，即明治维新后至辛亥革命前夕、清末民初的章太炎。他们的论述的确具有颠覆性与开创性，给了人们耳目一新之感。著作论说新颖，论证厚实，旁征博引，史实娴熟，对章太炎的每篇文章、演说、书信……熟烂于胸，又对这个时代学术了如指掌，作出了全新的不同于长期来我们对章太炎的早期思想与学术的研究的论说，给我们国内“章学”研究带来了一股新风与巨大震动。同时，又让我

---

* 本文曾分二篇分别发表于《中华读书报》2018年8月8日、2018年8月29日。

们对这段历史有了更深入全面的了解，非常值得阅读。

一

林少阳教授大著的书名实在有点拗口（下称“林氏”），这部著作与其说是某一专题的著作，不如说是四篇单独成文成系统的论文集。第一篇是“鼎革以文”，抓住了“文”与章太炎这一关系，进行深度论述。第二篇抓住了“南方”这一概念，深入研究章太炎与清季青年的关系。并通过章太炎与“亚洲和亲会”、印度、无政府主义、黑格尔等关系，论述了章太炎的“民族”观与“国家”观。第三篇，抓住了章太炎的“狂”与“狷”，分析了章太炎的“儒学”观。第四篇，论述了章太炎与鲁迅关系，阐述了“复古”的新文化运动与“反复古”的新文化运动之间关系，与其他人的“章太炎与鲁迅关系”研究不同，他更多研究鲁迅对“章学”的影响。这四篇论述，洋洋洒洒三十五万多字，不可不谓是巨作了！每篇研究视角独特，资料扎实，论说深刻，功底厚实，树立了一个新的研究丰碑。

（一）关于“鼎革以文”

章太炎在辛亥革命中是以“文”为手段投入这场革命的，他推动与带领了清末的思想革命与文化革命，他通过“文学复古”与“建立宗教”来推动新文化运动，颠覆清政权的思想与文化的统治基础，而这种作用与贡献是被大大忽略了。辛亥革命的成功，无论如何不是同盟会“革命派”一家之力可以完成的，起码还应包括“君主立宪派”及“地方自治派”等力量，以及江浙以“文”为代表的知识分子的贡献。他把辛亥革命置于晚清“数千年来未有之变局”中去审视，革命与改良并非完全对立，“革命只是改良不果的产物而已”，“无论革命与改良，无不重视传统，无不重新解释并定位中华文明”，这些都说明了“晚清思想文化运动”之影响，革命与改良之殊途同归。而章太炎在戊戌变法前后无疑是兼革命派与改良派于一身。1897年3月3日时他还停留在“改良派”，至1899年5月撰写《客帝》时已转向了革命。长期以来，人们视革命即是武装暴动，其实应该包括思想革命、文化革命、政治革命。而“晚清的章太炎，民国初年的鲁迅等的实践为代表的革命，正是以‘文’为手段的革命之典范”。林氏即是将章太炎放在晚清到民初的历史长河中去评论，将戊戌变法—辛亥革命—五四运动联起来思考，找出它们的思想的共同点即“文”，故他取题为“鼎革以文”，让我们加深了对从章太炎到鲁迅的新文化运动的认识。

林氏认为，近代革命有两种，太平天国革命是暴力型与破坏性的，辛亥革命偏于非暴力的“文”式的革命。“晚清革命成功推翻清朝统治，武昌起义固然有标志性的决定性的作用，但这是漫长的清季革命之晚期结果，更为根本的，是持续经年，日益强大的语言的力量”，即“文”的力量，但这一点作用，被后人大大地忽略了。晚清的文化革命，是以学生为主体的学生运动，而五四运动则是这种运动的延伸。

至于章太炎的“文”，则从“制度典革”现代化，“辨章学术、考镜源流”的学术史的重构，“文学复古”的新文化运动，“建立宗教”的新文化运动四个方面加以论述。他指出“复古”与“宗教”都是应该加引号的，“复古”是借用传统，“宗教”是借用哲学，以构建这场革命的伦理。这也是他将“光复”与“革命”进行区分之处。他将“光复”定位于种族革命，“革命”则是拯救“天下”，晚清“支撑天下”的伦理、道德、正义、仁爱、信仰等“文”的要素，行将丧失的“天朝”已奄奄一息，在“亡国”与“亡天下”的双重危机面前，“章太炎扮演了先知先觉的领导者以及理论家的双重角色”，展示了“文”的巨大力量，促进人们的觉醒。他不仅为救国家，更关注如何救天下，这样的角色，是不应该被忽略的。

林氏这本著作就是欲把章太炎放在二十世纪第一个十年中，放在全球史环境中思考，放在西学东渐的学术环境中，放在明治时代影响的环境下，探讨章太炎的思想与学术，确实是角度新颖，立论高卓，给人极大的启发，也大大丰富了这段历史，大大改变了原先仅仅把章太炎作为“反清斗士”，一个既疯又傻的政治狂人，一个守旧固执的国学大师而已。但林著将“革命派”与“改良派”混为一谈，强调辛亥革命非“同盟会”一家之功固属公允，可是“革命派”是拿脑袋与性命去撞击冰冷厚墙，随时愿意去死的，而“改良派”断没有这样的勇气。

（二）章太炎的民族观与国家观

林氏从四方面论述了章太炎的“民族观”与“国家观”。

1. 作者首先用了大量文字与篇幅阐述了章太炎与“南方”的关系，这“南方”既包含南方革命派，又包含“南方”的意识与文化的意思，从历史、遗民、方言、语言、小学、《国粹学报》、《南社》……来说明他与清末青年的关系。章太炎毫无疑问代表了这样一种意识与文化，在辛亥革命中发挥了独特的作用。

“南方”构成了对“北方”不同，“南方”也构成了“文化上学术上与‘西方’的差异关系”，“‘南方’话语其实在有着国族色彩的意义上又是有着一定人工性建构性的”，使晚清的“南方话语”带有了浓烈的政治意味。这样的论述是相当独特的。

2. 从1897年至1910年，章太炎一直主张联亚抗衡西方霸权，主张联合亚洲弱小民族抗衡帝国主义与殖民主义，从联日本到联印度，从成立亚洲第一个亚洲和亲会到亚洲古学会，他主张联合“天山三十六国”，即张骞出西域的三十六国，也是今天所说的“古丝绸之路”的各国，团结反帝。亚洲和亲会提出“先于印度、支那二国组成”，即以“中印、中日”为核心的“亚洲主义”。他的“亚洲主义”的核心是“人的自主与亚洲的自主”。对这一段历史，尤其章太炎与印度的认识与关系，以往史书是研究得非常单薄的，而林著则以翔实史料加以阐述，大大弥补了这段研究的不足，写得非常精彩，填补了“章学”一段十分重要的史实。

3. 详细地论述了章太炎与早期中日无政府主义/社会主义运动的关系——这两个思潮是辛亥革命思想最重要的构成之一；梳理了章太炎与刘师培、李石曾、张继、吴稚晖、幸德秋水等的相互影响与论战。章太炎认为无政府主义是“无当”之“玉卮”，即中看不中用，他说“言无政府主义不如言民族主义”，他所说的民族主义，“亦即同情、联合、协助被压迫的其他民族的民族主义”，这“民族主义非专为汉族而已，越南、印度、缅甸、马来之属，亦当推己及之”，是一种宽广的民族主义。这一章节，虽然不如其他章节新意迭出，但论述亦极精细。

4. 章太炎的国家观是以“民之国”为核心的。他否定国家，主张解散国家，认为统治者可能借“国家”对“个体”与“民”实行压制。他如饥似渴地吸收西方义理，又致力批判西方学术的谬误。他首先批判黑格尔，否定“公理”，否定“单一性”与“普遍性”，他也批判无政府主义奉为金科玉律的“公理”“进化”“唯物”“自然”，他强调这世界不是单一、直线地发展的，他强调“善亦进化，恶亦进化”，“令年轻一代努力从这一直线性的，被认为不断上升的时间观中解放出来”。“章太炎认为这些进化论者以及其批判者，其实读不懂真的进化论，因为真的进化论必须是善恶同时并进，他以完善进化论的方式去解构进化论，这实在是章太炎的智慧。”

林氏以很多笔墨论述章太炎对进化论与国家的批判，“是因为社会达尔文主义的社会进化论客观上被殖民主义、帝国主义的扩张挪用”，成了“优胜劣败，适者生存”的命题，也成为扩张主义者的借口。“梁启超主张以国家建构为中心的民族主义，而章太炎是以种族主义为其宣传话语，鼓吹种族主义革命，但更为重要的是，章太炎又是一个反国家的民族主义”，“章太炎断非坊间所想象的唯古是尊的‘国学大师’，他恰恰是以批判传统方式去重构传统，是一个‘复古’的新文化运动的领袖”，他追求的是“公义之‘国学’”。

林氏的论述与研究方法是新颖独特的，显示了作者对二十世纪初前后十年历史的娴熟，他的章太炎研究不仅深刻，言人所未言之言，而且已不仅仅是对章太炎的研究，还将读者带到了这个时代，深刻了解了这个时代的历史与人文，将给读者带来更多收获。

（三）清季章太炎与革命儒学

这一章节也是独立成文的章节，也是很独特的很难读懂的章节。作者抓住了章太炎的“狂”“狷”，来论述章太炎与儒学的复杂关系，这样的论述也是很少见的。

什么是狂狷呢？作者引用了郭绍虞先生的话——“只有狂狷精神可以促民主，争取民主；也只有民主制度才可以培养狂狷精神”，章太炎以“疯”出名，他的疯癫正是他的狂狷。要推翻旧制度，没有这种精神是断不可成的。旧制度是“二帝以德治天下，三王以礼治天下，孔子以学治天下”，要打破旧德旧礼旧儒学，非要有狂狷精神不可。

章太炎一生被人尊为“大儒”，他对儒有尊重一面，有批判的一面，他的尊孔与非孔，都是在两个重要语境之中：“一是他与康有为的论争，康有为尊孔，仿效基督教视儒教为国教，孔子为教主，为章太炎所斥。另一语境是章太炎素持古文派立场，作为学术史家强调以诸子学为中心的多元学术史观，有别于今文派以孔子中心的学术史观”。他的非孔与尊孔，又有不同时段，早年“非孔”，晚年“尊孔”，也都有特定的时代背景。

这一章节作者的论述方向与角度也是相当独特的，与大陆学者旧有论述相比，又是很有新意的。

（四）章太炎与鲁迅之关联及断裂

写到章太炎就不会不论及他与鲁迅的关系。一般人都是写章太炎对鲁迅的影响，这本书当然也有涉及，但他是从国家观、政治观、宗教观、写作观等方面去论述，这比一般人论述得更深入全面。鲁迅对老师的深切怀念，并非仅仅是师生之谊，还表达了鲁迅“拒绝告别革命”的心态。“面对一个并无共和之实却徒有其名的‘民国’，构成了鲁迅对其师‘章太炎’念念不忘的最为重要的背景”，“让‘太炎先生’重新成为实现中国革命的思想源泉之一”。鲁迅在纪念章太炎的两篇重要文章中，重新定义“太炎先生”，重新定义“章门”，是要让章太炎作为“革命先贤”流传下去，而不是以一个“纯粹的大儒”流传下去，“鲁迅正是以章太炎战斗精神之正统后人自居”。这些论述是非常精彩的，言前人所未言。

但林著与前人论章太炎与鲁迅更大不同是他以很大篇幅“论鲁迅对章太炎影响”，这是很新颖的。他认为没有鲁迅研究热，也就没有章太炎研究热，甚至鲁迅对章太炎的论述，成了描写章太炎的固定模式与套路。半个多世纪来，章太炎研究没有跳出鲁迅论章太炎范畴，如“先期革命，后期落伍”；“前半生，后半生”等等。林著可以说突破了这种模式。

“清季革命之后，尤其新文化运动到来之后，一个‘章太炎’被年轻的一代分成几块，各取所需；胡适片断吸收章太炎的‘国故’；周作人则与沈兼士等将章太炎作为小学研究之方言音韵‘挪用’于办《歌谣》杂志；鲁迅曾忠实地追随章太炎的新文化运动，然后将之翻转为反复古的新文化运动……”章太炎变成了“支离破碎的‘章太炎’”。林著说得真好。

半个多世纪来，由于各种原因，章太炎研究是冷清的，有政治上的原因，更有文化高度的原因，一般人不敢言章太炎，连一般编辑也不敢发这类文章，因为这座大山太高，爬上去路又太崎岖。而林氏的这部大作，让我们领略到海外章太炎研究的高度，令我们惭愧。

二

《章太炎与明治思潮》是日本京都产业大学教授、日本著名章太炎研究专家小林武的力作。此著虽然只有十二万字，但内容精彩，论述精辟，填补了“章学”研究空白。

众所周知，日本的明治维新，是亚洲第一个成功向西方学习成为现代化国家的范例，明治思潮对亚洲各国的觉醒有着巨大影响，尤其中国当时的知识分子，向西方学习是首先“师夷日本”。这种感情是复杂的，一方面由于甲午战争而憎恨日本，一方面又虚心向最邻近的日本学习，日本成了介绍西学的中心。从甲午战争到辛亥革命，十六年间，中文翻译的日本书籍达129种，而这之前的200多年中我们仅仅翻译了12种日本书籍，文化明显出现从日本流向中国，而以往是汉学由中国流向日本的。这些西方的哲学社会科学著作，正源源不断从日本流向中国。这对章太炎这一辈的影响是巨大的。

而对章太炎影响最大的，应该是他三次流亡日本期间，阅读大量日本书籍，对他的思想产生了极大影响。第一次是1899年6月至8月；第二次是1902年2月至7月；第三次是1906年6月至1911年11月。这个时期是章太炎“战斗文章”和“思想体系”形成阶段，从《訄书》的形成，到几次删改，到《齐物论释》问世，每部著作都受到明治思潮的影响。但具体受到哪些人哪些著作的影响，一直未解，也没有人涉猎。因为要解决这问题，必须十分了解这段历史，了解当时每部重要著作，了解章太炎每部著作，并有功力加以分析。但小林教授（下称小林氏）却搞清了这些关系，完成了这部力作，弥补了“章学”研究的缺口。

小林氏指出，章太炎对西方文化是如饥似渴地吸收，但又不是盲目地全盘接收，而是批判性地接受。他说：“无论章太炎如何深刻论述中国古典，他已经不再理所当然地将中国精神的优越地位作为前提，而是兼顾西洋，开始从整个世界范围内来探索中国。并且通过批判西洋近代思想，来重新探求中国精神的独特世界，旨在对抗西洋文化的入侵，可称之为‘传统之创造’。”“章太炎在思想上的成熟，是通过了西洋近代思想及明治思潮等全球化知识环境才成为可能。”

章太炎最重要的著作《訄书》，讨论了中国文化、政治、制度、哲学等问题，初版在1900年，这中间可以明显看出他吸收西方学术的痕迹，但不多。1904年大幅度修改了《訄书》，重订本明显吸收了明治思潮的文化成果，仅言及日本人及日本书有姉崎正治、远藤隆吉、桑木严翼、白河次郎、户水宽人、有贺长雄、武岛又次、涩江保等一大批人，至于日本书籍有《宗教学概论》《上世印度宗教史》《希腊罗马文学史》《社会学》《修辞学》《族制进化论》《宗教进化论》《支那哲学史》《支那文明史》等几十种，被章太炎《訄书》引用的达三十多处，是初刻本的8倍。而在这中间，对章太炎影响很大的应该是姉崎正治，在他影响下，章太炎才开始关注印度，在重订本《訄书》中，“前后有八处引用了(姉崎的)《宗教学概论》及《上世印度宗教史》，基本上为直译或部分的翻译”,《訄书·原教上》有三分之一是直译了姉崎的的文章。虽然在删订时删除了此文，但可见他吸收之多。章太炎对叔本华的批判，对黑格尔、尼采的批判，也大量吸收了姉崎思想。

另一部著作，即中江兆民翻译的《道德学大原论》(叔本华著)，对章太炎的影响，过去也被大大忽略了。这部著作对章太炎形成“自主”思想和强调“自主”的中国特色，有着深刻影响。从而在他另一部重要著作《齐物论释》中，“将‘自主’思想发展到‘内圣外王’，对间隔自他而执着于欲望的意识构造，以及产生万物差异的结构进行了哲学论述，即章太炎一直在摸索对欲望恬淡的清凉哲学”。

小林氏这本大著帮我们进一步了解早年章太炎思想的形成，使他的几部重要著作从《訄书》到《齐物论释》的内涵，得以被深入解读。同时，又深入讨论了章太炎的儒学、佛学、哲学观，论述深入而广泛，显示了他学术功底之厚实。这本书是研究章太炎的一部极其重要而深刻的著作，弥补了国内研究“章学”的不足，是极有学术水平的大作。

写于2018年6月1日

《章太炎先生文录》前言

先祖父章太炎先生是著名的民主革命先驱，鲁迅先生称他是“有学问的革命家”，“并世无第二人”，这并非是过誉之辞。他不仅是我们浙江人的骄傲，也是我们中国人的骄傲。他作为“国学大师”，是没有任何争议的，他著述丰厚，生前曾出版过《章氏丛书》《章氏丛书续编》等，在他身后出版过《太炎文录续编》，但没有出版过他的全集。直到 1978 年，“文革”结束后，国务院古籍整理出版规划领导小组决定首批出版十个历史人物全集，先祖父也是其中之一。三十多年过去了，出版的历史人物全集少说已超过数百人，但先祖父的全集依然只出了一半，原因是多方面的，有资金问题，更有出版的难度，这种难度达到古籍整理的顶端。先祖父的家乡余杭区委区政府闻讯决定出面参与此事，与上海人民出版社合作出版《章太炎全集》，我也有幸参与了这一工作。为了出齐《全集》，我提供了家藏的《章太炎先生文录》抄本。这是先祖母、先父及先祖父弟子将先祖父的遗稿一一抄录下来的稿本之一，由先祖母亲自题签，收录了近七十篇遗稿，有学术专著、诗文、信函、墓志铭、寿序等，都是先祖父晚年著述，以及与他几个大弟子的论学书札，有很高学术价值。先祖父晚年确实是以“卖文为生”，但他写的墓志铭、墓志、寿序等等，也是他历史观、文学观甚至妇女观的真实反映，可读性强。这七十篇文稿有近一半已收入到《太炎文录续编》，但还有一半多是没有公开发表过的。这本《文录》不仅誊写认真，字迹娟秀老练，字字如帖，有十篇文章甚至录写了两遍，可见精益求精，既有研究价值，又有收藏价值，可见前人对他文稿的敬重。如加复制，不失是纪念与研究太炎先生的一件珍品。我特将《文录》稿本发行权赠予家乡，以弥补对家乡贡献太乏之憾。先祖父，余杭人氏也，人们皆称他余杭先生，有时他干脆称自己是“余杭”。他是余杭的子孙，也是余杭的光荣，是余杭响当当的一张名片。余杭在复印这册《文抄》前夕，宣传部王姝部长嘱我写个《前言》，便于览读，我遵命行文如上。

2015 年 7 月 3 日

《中华英杰章太炎》序

我的祖父章太炎，被世人公誉为泰山北斗，如同一座大山，他的功绩太大，被誉为中华八十三英杰之一，他的学问太高，被人誉五百年才出一位的伟人。人们敬畏他，但很少人愿意去攀登这座高山，因为这要比研究其他历史人物多数倍功夫，因此章太炎研究成了少数学术精英的专利，以至长期以来他的家乡——杭州乃至浙江几乎拿不出一部高质量的研究章太炎的学术著作，更不要说他的家乡杭州余杭。

这样的遗憾今天终于被改变了，余杭的一位学者卓介庚先生近日完成了《中华英杰章太炎》。这是一部有质量的学术著作，史实清楚，条理清晰，纠正了不少历史讹传，还原了一个真实的章太炎，对他的功过评价实事求是，对他的学术成就介绍详尽，而且以通俗文字作了娓娓叙述，可读性强，一改对章太炎研究的引经据典注释林立的晦涩，既是一部正宗的学术著作，又是一部雅俗共赏的文学作品，满足了余杭一直想创作这样一部作品来普及章太炎的愿望，真值得称道。这是对浙江、对杭州、对余杭文化发展的一大贡献，必会受后人称赞。

要创作这样一部作品是非常不易的，首先要阅读众多资料，吸收各方研究成果，卓介庚先生做到了。他过去创作过好几部以章太炎为题材的文学作品，奠定了很好基础，所以他这部书没有安排一处注解，一气呵成，而且还以夹述夹议的方式，将章太炎的诗夹在文中，更好地表达了章太炎的心路历程，十分成功。

我是章太炎孙儿，说起来从事了几十年的章太炎研究，所以卓介庚先生第一时间将自己作品请我审阅，让我先睹为快，并请我作序，我觉得这一切都是我应尽的义务。于是为之序。

2018 年 8 月 16 日

《俞曲园章太炎论中医》序

曩日，我受命编先祖父医学论文集，我完全不懂医，只是以史学研究方式，从先祖父的经历着手，像一个陌生人在研究另一个陌生人那样，逐年逐月逐日研究他的经历，读一切可以阅读到的文献与资料，从中寻觅先祖父的医学经历与著作，以六年光阴，编就了《章太炎医学论文集》(简称《医论集》)，收集有关文章134篇，列为《章太炎全集》的第八卷，标点则是请沪上最有名的国医大师姜椿华及他弟子点校的。因为我不懂医，只是以史学方式编就了这本文集而已，所以与潘文奎医生合作写了篇前言，洋洋洒洒五万多字，我论先祖父医学经历，他论太炎先生医学特色，这件事便似乎结束了。

数年后，我在书店见到一本新书——《章太炎先生论伤寒》，我大吃一惊，买回后细细一读，更惊骇不已，洋洋洒洒一大本先祖父论伤寒，原来是从拙编《医论集》中抉取出来的，编得有条有理，这真是行家所为。特别读了书后一篇论文——《〈章太炎先生论伤寒〉释要》，从先祖父学医经历，对《伤寒论》的研究、考证、见解、纠误……踏踏实实写了五万多字。我虽编了《医论集》，但仅仅是以历史学手法编书而已，并不知道这本书的真正价值，而如今碰到真正行家了。

这位行家即是钱超尘教授——北京中医药大学教授，博士生导师。钱教授从事古代汉语、医古文、古医文献教学，终生致力于对张仲景《伤寒论》的研究。他主持的《宋本（伤寒论）校注》，获得了国家科技进步二等奖。他是北师大陆宗达教授的博士生，陆宗达教授是黄季刚先生入室弟子，黄季刚先生又是太炎先生的大弟子，师徒精研音韵文字学，即俗称的“小学”，在学术上形成了“章黄之学”。所以钱教授也算是“章黄弟子”，在音韵、文字、训诂方面造诣深厚。

先祖父治学，由小学着手，精研许氏《说文》，反复研读数十过，卓然见文字之本。他治小学，不欲从形义着手，而是从音韵着手，“因声求义”，更加了解每个汉字原先的音韵，然后更加精准掌握汉字的形、义关系。所以他治经研史，自然比一般人收获更多，高出一筹，故被尊奉“国学大师”。他研修医学，不是以临床为主，而是以古代医学文献为主，自然也比一般人采获更多。尤其对《伤寒》《内经》的研究，超过了一般人的水准。而钱超尘教授作为“章黄弟子”，有扎实的小学功底，终生精研张仲景的《伤寒论》，所以一经读到太老师医论，马上能辨出优劣。他无比兴奋编了《章太炎先生论伤寒》，写出了洋洋洒洒的《释要》，一切是如此符合情理。我则兴奋地把他的《释要》编入了《章太炎生平与学术》下册。

先祖父自幼受家庭熏陶，生于长于“三代世医之家”，生性爱医，也研读过许多方典，不是因时代召唤而投入救国图存洪流，也许也会成为一名好医生。他治小学、经学、子学、哲学、佛学、史学、文学，都是为了政治斗争服务，而他生性所爱，实是医学。所以人们问他在诸多学术领域哪一门学问成就最高，他总毫不迟疑回答：“我医学第一。”一般不了解他的人无不惊骇，其实这才是一个真实的章太炎，只是人们对他医学成就不了解而已。

先祖父师从经学大师俞曲园先生七年，不仅学习治经释经，也继承了俞曲园先生的治医兴趣。一般人只知道俞曲园先生因家人被误医而愤而作《废医论》，成了大儒都反对传统中医的铁证。而先祖父认为“先师虽言废医，其讥近世医师专持寸口以求病因，不知三部九候，足以救时俗之违经，复岐雷之旧贯，斯起医，非废医也”，“名曰废医，乃使医术增进”也。钱超尘教授在此基础上，详考俞曲园先生医学思想与著述，恢复了这段历史的真实面目，为俞曲园先生辩诬正名，实在是很有贡献的事。同时，让俞曲园与章太炎师徒的传承有了更鲜活的例证。

钱超尘教授认为太炎先生的医学成就，主要表现在他对《伤寒论》与《黄帝内经》的研究，他采用文字训诂学的方法考证了这两部经典，在拙编《医论集》中，至少有35篇文章是他在论证这两部书的贡献。他说“中医之胜于西医者，大抵《伤寒》为独甚”，“他书或有兴废，《伤寒论》者，无时焉可废者也”。钱超尘教授以整书篇幅论述了先祖父在医学上的成就，尤其在《内经》与《伤寒》上的杰出贡献，实是填补了“章学”研究的不足，一定会受到学界欢迎。

先祖父所处时代，风雨如晦，鸡鸣不已，新旧之争，中西之争，在医学界则是中西医斗争，空前激烈，迄今硝烟未消。而先祖父在这中间也成为了指标性人物。他是中国最早提倡中西医融汇的人，提出“融合中西，更造新医”主张，对医界有很大影响。他对西医有深刻了解，西医代表人物余云岫也是他的入室弟子，但他不盲目崇拜西医。他说“中医在综合论诊，辩证求本，复方论治等方面，还是具备优势”。但他又指出中医曾受过四劫：一为阴阳家言，掺入五行之说；二为道教，掺入仙方丹药；三受佛教及积年神鬼迷信影响；四受理学家玄空推论，深文周纳，离疾病愈远，学说愈空，皆中医之劫难。他又说：“中医诚有缺陷，遽以为可废，则非也。”他始终站在保存国医立场上，要中医跟上时代，更造新医。事实证明，青蒿素治疟疾，砒霜治白血病，麝香保心丸治心肌缺氧……都是中医对世界的贡献。中西医是两种思维、两种体系、两种治疗方法，不是一经结合就会变成灵丹妙药，而要立足继承与创新。从这一点来讲，继承从俞曲园到章太炎的论医财富是绝对有必要的。

钱超尘教授是一代大家了，以八十多岁高龄，积平生学养，为世贡献了这部新作，实在可佩。他命我为此著作序，让我实在惶恐。在师门中，我辈分虽比他高，资历实比他低，但实在又却之不恭，故慎为之序。

念驰于 2017 年 11 月 27 日时七十五岁

介绍太炎先生佚文一组

1979 年，上海人民出版社调我到该社专门从事《章太炎全集》整理出版工作。后来，我又调入上海社会科学院历史研究所，继续这一工作。从事这项工作首先要广泛收集太炎先生散落在各处的资料，于是我以大量时间走访图书馆、档案馆、纪念馆……收集资料是我的工作，但我不可以轻易发表这些资料，包括众多家藏资料，以保持《全集》的新鲜性与权威性。几十年来我遵守了这承诺。

三十四年前，我两次赴宁波天一阁收集资料，作了笔记，发现了一大批太炎先生与袁世凯、孙武、李柱中、谭延闿、李烈钧、赵恒惕、吴承仕、黄季刚、黄绍兰、汪东、黎元洪、叶志辉、马其昶、冯衷博等人的书信，其中与冯衷博的通信有十几通之多，但我还来不及一一加以抄录，当时不允许拍照与复印，过后又去忙其他事情了。尤其 1988 年后，我又兼任两岸关系研究重任，多余时间又重在编太炎先生演讲集与医论集，再也没有去天一阁抄录这些资料。去年《章太炎全集》出版后，我才细致看了《书信集》，发现天一阁资料未收录在内。于是想写篇小文章，补充这一遗缺。

一

天一阁位于宁波，是国家文物重点保护单位，是中国最大的私人藏书楼之一，已有四百多年历史。除了收藏图书之外，还收藏了许多近人资料，有的是收购，有的是受捐赠。里面关于太炎先生的有如下一些：

第一，有《章太炎先生手帖》一册，内有：

1. 太炎先生致东南大学柳翼谋先生函

   信壳一只，及信十页

2. 太炎先生撰《山阴徐君颂》

3. 太炎先生次子章奇出生，举办生日会宴请名单

4. 致群治大学罗峙云先生信

   信壳一只，及信二页

5. 送呈姑太太收启

   信壳一只，及信一页

6. 医方一通

   二页

7. 医方一通

   三页，关于催眠术

8. 致余姚石堰关浩然先生

信壳一只，及信一页。关浩然是太炎先生女婿

9. 致杭州浙江日报馆函

信壳一只，及信一页

10. 杂稿一页

11. 杂稿一页

12. 杂稿一页

13. 致慈溪掌起桥陈承祚先生

信壳一只，及信二页

14. 湘乡成君（大烈）碣

一页

15. 冯母钱太恭人八十寿序

二页。太炎先生撰，卢永祥书

16. 钱忠介烬余集一页

17. 钱忠介公诗一首

太炎先生作

这一册几乎都是太炎先生的墨迹。

二

第二，天一阁还有太炎先生与冯衷博来往书信等二册。

冯衷博，浙江宁波慈溪人，他的叔祖父是冯君木。冯君木是爱国知识分子，精通书法与国学，创办国学社，培养了十个高徒，其中就有沙孟海。浙江有“南浔刘家，慈溪冯家”之

说，可见这家族影响之大。冯君木侄子冯贞群，字孟颛，是著名目录学家与藏书家，曾参与天一阁图书整理，成《鄞县范氏天一阁书目内编》10卷，1962年曾将家藏“伏跗室”藏书10余万卷赠送给天一阁。冯衷博系冯贞群之子。他们一家在二十年代与太炎先生交往甚多，天一阁这些资料当系冯贞群家族捐献。

《章太炎全集·书信集》只收了太炎先生致冯衷博二封信，一封是回答什么是“八段锦”，一封是答复冯请其改定《冯梦香传》。冯梦香是太炎先生在“诂经精舍”的同窗。太炎先生得知冯衷博在为族祖从事资料整理，很是高兴，尤其得悉梦香先生好医，与他情趣相合，更希望多阅读一点相关资料。太炎先生与冯衷博交往大概由此而始。

第一册系《余杭章先生手札》，内容如下：

1. 太炎先生致冯衷博信

   信三页，无日期

2. 太炎先生致冯衷博信

   信六页，无日期

3. 太炎先生致冯衷博信

   信一页，二月十二日

4. 喻培伦传（排印稿）

5. 亡女事略（抄件）

   共三页，有手批

6. 太炎先生致冯衷博信

7. 太炎先生致冯衷博信

信三页，夏正冬至前二日

8. 太炎先生致冯衷博信

信三页，无日期

9. 太炎先生致冯衷博信

信二页，无日期

10. 太炎先生致冯衷博信

信五页，无日期

11. 太炎先生致冯衷博信

信一页，五月十二日

这一部分以收录太炎先生致冯衷博的九封信为主。

第二册是《章太炎先生手札》一卷，时间为一九二四年正月，署名冯正君。包含内容如下：

1. 太炎先生致冯衷博信

信壳一只，信二页，十一月十日

2. 族祖梦香先生传

太炎先生手订，壬戌十二月

3. 太炎先生致冯衷博信

信壳一只，信一页，十二月二十三日

4. 太炎先生致冯衷博信

信壳一只，信一页，一九二四年一月三日

5. 太炎先生致冯衷博信

信壳一只，信一页，一九二四年一月三十日

6. 太炎先生致冯衷博信

信壳一只，信一页，二月二十八日

7. 太炎先生致冯衷博信

信壳一只，信一页，四月七日

8. 林景霞先生传

太炎先生手订

9. 太炎先生致冯衷博信

信壳一只，信二页，五月六日，阴历四月三日

信中提到应该怎么给太炎先生儿子章导上课。①每日应读《论语》或《孟子》，务请讲读并行，《大学》《中庸》不须讲读；②间读《唐诗三百首》或《说文部首》，《唐诗》应讲读并行，《说文部首》须以楷书旁注；③余暇酌讲国文课本或中文算术；④每日须习字一帖。似已请冯衷博为章导启蒙教师。

10. 章炳麟序——明兵部侍郎慈溪冯公辅监国守山砦尝乞师日本不获……

一九二四年五月

11. 太炎先生致冯衷博信

信二页，十月二十一日

12. 太炎先生致冯衷博信

信一页，一九二四年十一月十九日

这一部分主要收录了太炎先生收冯衷博书信九通，另有传二篇，寿序一篇。

三

又一册题《名流手札——衷博属题，己巳寒食日，钱（印）》（一九二九年），内容如下：

1. 太炎先生致袁世凯信（用东三省筹边使信笺）

信四页，一九一三年四月二十二日

《章太炎全集·书信集》第575页收录此信，来源一九一三年五月九日《顺天时报》

2. 袁世凯复章太炎信

信四页，一九一三年四月三十日

3. 太炎先生致袁世凯信（用湖北都督府公用笺）

信三页，一九一三年五月十日

《章太炎全集·书信集》第575页收录此信，来源一九一三年五月十四日《顺天时报》

4. 太炎先生致袁世凯信

信五页

5. 太炎先生致孙尧卿信

信三页，日期初九

6. 太炎先生致李柱中信

信三页，日期初十

7. 章先生寿辰筹备处开列庆寿名单一份

二页，胡菊生、吴信东启

8. 黄季刚致太炎先生信

信一页，一九二六年六月二十日

9. 谭延闿致太炎先生信

信二页

10. 谭延闿致太炎先生信

信一页，七月十六日

11. 李烈钧致太炎先生信

信一页，十月十七日

12. 赵恒惕致太炎先生信

信三页

13. 吴承仕致太炎先生信

信一页，五月四日

吴承仕是太炎先生“五大弟子”之一

14. 太炎先生致吴承仕信

信一页，恒，六月二日

这部分均是太炎先生与当时政要往来信件。

四

又有单独一册，内容如下：

1. 黄绍兰致太炎先生信

信一页

黄绍兰，黄季刚前夫人，在上海创办“博文女校”，中共

“一大”代表曾借宿于此。她是太炎先生唯一女弟子，后在金陵女子大学任教。

2. 黄绍兰致太炎先生信

信二页

3. 汪东致太炎先生信

信一页

汪东系太炎先生“五大弟子”之一

4. 蹇叟致太炎先生信

信一页

蹇叟系张美翊，曾为沙孟海师。二十年代，太炎先生办《华国月刊》，与这些学者都有交往。

5. 蹇叟致太炎先生信

信一页

6. 残页一张

7. 马其昶致太炎先生信

信二页，八月二十七日

马其昶即马通伯，民初著名学者，桐城学派传人，曾任清史馆总纂

8. 马其昶致太炎先生信

信二页

9. 黎元洪致太炎先生信

信三页

10. 叶德辉致太炎先生信

信三页

11. 黄季刚致太炎先生信

信二页

黄季刚系太炎先生“五大弟子”之一

12. 黄季刚致太炎先生信

信四页

13. 残页二页

古敦煌本《尚书》抄件

以上五册书信集，共有太炎先生与人通信四十七通，另有太炎先生作的传、颂、碣、寿序、序、事略、诗十三篇，以及杂稿残稿八件，恐都是冯衷博收集，后入天一阁收藏，内容丰富，资料珍贵。不知什么原因，几十年来不见有人阅读与引用，实在是太可惜了，于是作小文一篇，供大家参考，并补录于《全集》。《全集》有所遗漏，在所难免，《鲁迅全集》出版五十年了，不还时有所补吗？

2019 年 6 月 29 日

二、祖父与我

油画写生　春

我家的小八仙桌*

岁月变得寂静了，父母远行了，兄弟姊妹自立了，女儿出嫁了，空荡荡的家中，只剩下一套小八仙桌椅还是往日旧物，算起来在我家的年龄比我大多了，该有八十多岁了，它俨然成我们家中的一员了。

我搬过几次家，每次搬家，我总会让收旧货的来挑旧货。挑旧货的骨碌碌的眼珠总会落在这套小八仙桌椅上，问："卖伐?"我说："唯有此物不卖!"他们悻悻走开了。于是唯有此套桌椅随了我一生。

所谓小八仙桌椅，是指中国传统的餐桌，一般可以坐八个人，故称"八仙桌"，小八仙桌比老式笨重的八仙桌小一号，是民国时期制作的新式家具，桌面四周有一边框，特别适宜打麻将，又被称作"麻将桌"。桌子是双层的，四面都有一个小抽屉，可以放筹码。桌子四条腿与桌面更是装饰精巧。虽说是红木家

---

* 本文原发表于 2018 年第 8 期《上海文学》。

具，却一点也不显笨拙，精巧现代，九十多年，依旧丝毫无损，没有任何残缺，光泽如新。

我父母是1935年在苏州结婚的，祖父太炎先生与祖母特别高兴，因为这是他们的长子结婚，当时祖父已六十八岁了，所以他们精选了一套很好的新式红木家具，小八仙桌椅就是其中一件。第二年，先祖父作古。第三年，苏州沦陷。我们一家被迫逃离苏州，辗转到上海定居了下来。苏州偌大的住宅，先被汉奸地痞洗劫，后被日军占驻，糟蹋得满目疮痍。日本投降后，我们回家一看，好的书籍、古玩、字画、细软均被洗劫，而大件家具倒还留下不少，邹容的像也依然挂在原处，二楼父母卧室这套小八仙桌椅居然也在，于是被搬到了上海。

我生于上海襄阳路大方新村30号，这是一幢三层的楼房。一楼是饭厅与客厅，二楼是祖母卧室，三楼是父母卧室，上面有个大阁楼，我们兄妹四人居住；一楼与二楼之间是个双亭子间，是叔叔的卧室兼书房。这套桌椅，就安放在父母卧室，一点不显得大。

1949年后，母亲因与父亲感情不和，带了我和妹妹与父亲离异了，也带走了这套桌椅另外生活，这套桌椅放在新居就显得大了。母亲怕损坏桌面，定做了一个木桌面，但笨木匠做得小了一点点，所以台面永远是斜的，盖不平，看了非常不舒服，我们就这样将就用了几十年。

当年我们兄弟姊妹四人，在这张桌上玩“买房地产”“抓猪”“二十一点”……闹得“不可开交”，欢声笑语声震屋宇。我们在这张桌上陪母亲打麻将，这是她晚年的最爱，和睦气氛浓得化不开。待到女儿出嫁后，回家吃饭，一家人其乐融融，尤其外孙大快朵颐的样子，让我乐不可支……

如今大家都有了归宿，家里冷清清了，祖父留下的家具只有这一件了，我早将这不合身的桌面扔了，让它天天露出自己真容，把它保护得光洁华丽，还为它配了一客厅的红木家具，算来也有十多件，但这些红木家具没有一件比它华贵，像一群杂牌军似的。

每年逢“冬至”“除夕”，我都会用这张桌子祭祖，我虽没有宗教信仰，也不迷信，但我总要虔诚地祭祖，供上酒菜、点心、水果，祭奠曾经坐在这张桌旁逝去的亲人，回忆跟他们一起经历的岁月。

我会想起母亲坐在这张桌旁，边打毛线，边跟我们唠家常，回忆她最美好的岁月，那就是在尚书里的童年，南园头田野里的少年，振华女中读书的青年，与我祖父相处的日子……她是一个有教养、有城府、有资格的人，她从没有奢侈的追求。至于她后半生遭遇到的逆境、委屈、苦难，她从不开口，仿佛荣华与苦难都已与她无关，表现出一种不屑。

我也会想起我的大哥，他也曾是这张桌子的主人。他英武高大，办事顶真，做事一把好手，但他总心事重重，运气不佳。他晚年多病，死后的相貌，完全失去了当年的英姿，忠厚的脸与高大身躯，完全消失了。我怎么都不敢相认，我惊慌地想找回我记忆里的大哥，但他永远永远消逝了，甚至没有设立灵堂。

这张桌子让我记得最多的，不是如何在这桌上吃饭，而是我如何在这张桌上工作。

少时，父母离异，父亲入狱，母亲下放劳动，家中只有我与妹妹两人，每晚我们都会在这张桌的灯下，各自做着功课，没有人管教，没有人盯着，我们的成绩都很优秀，完全没有今天这种学业的压力。

青年时，适逢“文化大革命”，我无事可干，便专心绘画，以画为乐，在这张桌上我完成了不知多少张作品。陈丹青先生谦虚地说：“我画风景不如你。”我实在并没这么好，但这张桌子确实是我自学的福地。

中年时，熬到“文革”结束，去了社会科学院工作，自知学历低水平差，天天夜里伏在这张桌上恶补，不到夜里一二点钟绝对是不睡的，终于写出了一篇又一篇文章，评到了三级教授。中间甘苦，唯有此桌椅明了，是它始终陪着我走到了今天。

当我在这桌椅工作时，我就会静下心来，感受到祖父等前人的灵气，我知道命运就在自己的手上与足下，我会迅速进入状态。我知道我们这样的后代，是没有任何退路的。那时多少知识分子，都是没有书房与写字桌，甚至连一个好好的吃饭桌也没有，都是忍辱负耻走过来的。我则是非常非常幸运，拥有吃饭桌，后又拥有写字桌，拥有自己的书房。但我从不喜新厌旧，旧的承载着太多太多的历史与传统，传承着我们的根脉。

这是一套多让人欢乐的桌椅啊！

小时候，我把它当碉堡，玩过无数游戏，又把椅子颠来倒去，当作汽车、兵舰……玩得不亦乐乎，让想象飞驰。我与妹妹及同学，把桌面移到另一边，变成了乒乓桌，玩得有滋有味。有时，我与玩伴会在桌上打“康乐球”，这是祖母生日，有人别出心裁送了副“康乐球”给她，可以供四人同玩，祖母还在“康乐球”背面题了词，如今不知去向了，只留下了快乐的回忆。

长大了，在炎热夏天，我常常把四把椅子一正一反放，当作自己的床，那个年代没有空调，甚至没有电扇，睡在红木椅子上，凉凉的。

我们曾一起在这张桌上用餐，菜肴越来越好了，但吃的人越来越少了。我们也曾经在这张桌上请过许多亲朋好友吃饭，借来一个大圆台面，可以坐上十多个人呢。这种热闹呵，今天的人无法想象了，他们也许反而会问：“为什么不去饭店？”每逢这种日子，我内人忙进忙出，一个人可以做出整整一桌菜，包括甜点，她像有用不完的力气。这种兴奋和曾经精力充沛的岁月，都成了我们最最美好的回忆！

如今我已搬不动这套桌椅了，连椅子也举不起来了，但这套小八仙桌椅依旧如故，没有一点老态，没有一点损坏，连皱纹都没一条，它还会长长久久待下去，继续作为我们家族最老的一员活下去，继续传承我们家庭的人脉文脉，继续伺候我们的后代，保佑他们平平安安，兴旺发达。小小的八仙桌啊，你给我们带来的欢乐，是今天的手机与微信所不可相比的。

当我们肉体消失后，我的灵魂一定还会回来，看看这套桌椅，坐上一坐，给灵魂添点愉悦和遐想……

写于 2018 年 3 月 6 日

我与民立中学*

前几天，我在民立中学时的学生杨金生给我打电话，说他们老同学聚会了，她想把他们的合影发给我，让我看看还认得几个。我欣然答应。

照片发来了，男女同学十九人，我反复辨认，除了杨金生，我竟一个也认不出来了！我一遍遍辨认，想找出他们青春的痕迹，但越找越紧张，我感到自己失忆了，惊慌极了，我不知他们是谁了，也不知道自己是谁了。泪水顿时灌满了眼眶……当即我写下了四句话：

少时音容老全非，
沧桑布满稚时脸，
匆匆岁月多无情，
夺我忆中可爱孩！

---

* 本文原发表于2018年上海网络纪实文学。

这几天我一直沉浸在民立中学的回忆中。

我在民立中学仅仅教过一年书。

民立中学是重点学校，历史悠久，一度改名为“六十一中学”，如今又恢复了旧名，我在那里教书的一年是叫六十一中学。它原址在石门路威海卫路口，如今搬到威海路870号了，原址变成了一大片新商务区，仅仅保留了学校的一幢老楼，我就曾在这幢老楼的东三楼的教室教了一年书。

这是1969年，“文革”进入了“复课闹革命”阶段，中小学都复课了，但中学师资严重不足，便从小学抽调了一些业务骨干去支援中学，我就是其中之一。

当时学校初高中合起来只剩了四个年级，初一（即73届），初二（即72届），初三（即70届），高中只剩下69届了，他们正等待分配。这些学生这几年基本没读过多少书，被放野了，尤其我教的70届7班，是全年级最乱的一班，是全年级差生的合并班。好在我在小学都是教毕业班的，都是几个学校差生的合并班，当年的我，精力充沛，差生班结果都教成了优秀班。所以我一进中学，直接教初三，也是教毕业班。

民立中学创办于1903年，由福建苏氏五兄妹兴办，带头实践教育兴国理念，一路走来，培养了许多人才，其中不乏激进的革命志士，如“左联”殷夫等。作为重点学校，必须具备两大因素。

第一，师资最重要，老师必须有真才实学。我读育才中学时，就深感于此，而我师范毕业后在小学教了好多年书，发现在小学几乎任何人都可当老师，出现不少误人子弟现象。民立中学教员都很有水平，拿得出两把刷子，掌握得了教学重点，教学都在四十五分钟课堂上解决，而不是靠补课。

第二，校风次重要。老师对学生的成绩与习惯，都要有严格要求，一丝不苟，养成好校风。好学校老师看惯了学生必须怎么上课必须怎么做作业，就会坚决守住这些标准。在差的学校，老师对学生的松散习以为常，这种学校就办不好了。

所以我很赞同一句话："只有教不好学生的老师，而没有教不好的学生。"钱谷融先生说："文学就是人学。"教书育人，也是人学，是培养人塑造人，而不是培养读书机器，更不是培养驯服的工具，所以学校应该把教书育人放在第一位。

最初接任 70 届 7 班班主任工作，班级的状况实在不堪描述，学校干脆把这个班级放在学校最角落的一间教室，任其生灭。而我对此有足够的思想准备，脑子里满是苏联建国初期马卡林柯任教的状况，充满了马卡林柯的教学激情——教育者的责任是教人育才，是去改造培育他们，要有足够耐心，要知道人是一熨斗烫不平的，要允许学生反复。"文革"初期三年，学校状况混乱，与苏联建国初期有相似的混乱，我是有足够思想准备的。

所以我采取的第一项措施是"军训"，打着毛泽东"准备打仗"旗号，每天清早，与大家列队军训。我自己带头，每天一早六点半到校与大家一起"军训"。经过几个月的严格军训，班级慢慢地被训练得有模有样了。当时我二十七八岁，精力充沛，有股激情，感到能从小学到中学工作是个光荣，自己又是“可以改造好的子女”，更要努力改造，所以真是任劳任怨。每到中午我也饿极了，但我的午餐钱保持在一角五分，因为我的工资只有二十五元，吃饭与零用钱只有五元钱，所以一直感到肚皮空空。我们就是这样走过自己青春岁月。

我作为班主任，跟学生讲得最多的是怎么做人，做什么样的人，以及宣传知识的重要。我以孔子教人育才让顽石点头的精神鼓励自己，而不是靠训学生、骂学生为快，决不靠压服，哪怕最初他们歪歪扭扭听课，漫不经心上课，我都会有耐心施教，耐心引导变化，事实上他们也是一点一滴吸收做人的真谛，一点点改变他们的坏习惯。当多数学生变好了，少数顽劣的也会跟着改变，逐渐课堂秩序大为改观，顽石终于点头了。于是学校让我们搬到主楼三层东边教室上课了。

我作为语文教师，尽量让他们得到知识与趣味，特别让他们从怕写作文，到爱作文。我从不讲究做作文的繁琐要求，而是重点启发他们思维，从来都是用十分钟讨论这篇作文主题，然后让大家用半小时去完成写作，再用一节课交流，评点优劣，鼓励相互借鉴，引发兴趣，让大家不把作文看成苦事，然后才是教他们怎么运用好词汇，怎么讲究作文的结构。慢慢他们有兴趣上课了，不以读书为苦了。

我们的班级纪律、风气、学习面貌一点点变好了，居然多次评上学校先进，还评上了静安区“活学活用毛泽东思想先进集体”，我也评上了区“活学活用毛泽东思想先进分子”，犹如今天的劳模。作为出身这么不好的我，能得此殊荣，还是第一次，虽然没有半分钱奖励，但这在当时是非常光荣的事。

这期间，有几件事让我忘不了。

记得有一次组织学生清明去宝山祭扫先烈，因为宝山是解放上海牺牲最大的地方，特别值得纪念。但班级上竟有三分之一的家庭付不起车资，于是我组织有自行车的同学骑自行车去，并捎带一位车资困难者，我自己则车前车后各带了一个同学前往，于是全班同学无一缺席。当时社会无政府主义成风，我们一个车队，前呼后拥，男女混搭，浩浩荡荡，从石门路骑到宝山，然后高高兴兴安全返回，这种场面何等欢快！今天我完全不可想象我当年怎么会带了两个人往返宝山，这种力量从何而来？

又有一次，大概下午三四点钟，我发现南面天空忽然冒出一柱巨大的烟柱，救火车笛声随之大作。我知道一定发生了大事，于是我宣布全班紧急集合。全班同学立刻在操场整齐集合，用小跑步姿态，步伐整齐，口号嘹亮，跑到了“文化广场”前。“文化广场”果然发生了火灾，于是我们帮助拉起了警戒线，维持了社会秩序，直到火熄灭，然后全体整队跑步返校。路人都用赞许的目光看着这样一支训练有素的队伍，他们大概不会相信这曾是一个“差班”。我也跟着一起跑步，步履如飞。但我今天七十七岁了，再也跑不动了，青春就这么消逝在回忆中了。

1970 年夏，就在他们即将毕业前夕，区教育局批准我正式调入民立中学。但不久，“一打三反”运动开始了，我被小学“工宣队”勒令立刻返回小学接受批判教育，我连与同学辞别机会也没有就被“揪回去了”。当时作为一个“有问题的人”，谁还敢接近我呢？民立中学怎么敢为我说话呢？

回到小学，先批判了我的“白专思想”“与反动家庭不能划清界线”，后来更多的是审查我“文革”初参与对静安区委干部的抄家，据说还抄走了许多文件财产……这真使我百口莫辩，像我这样出身的人，又处于社会下层的民办小学，只有人家反复来抄我们家，我怎么会抄干部的家？但一切辩解只会加重“态度恶劣”的批判。当时“工宣队”与“专案组”请了许多被抄家的人员家属，一一来辨认我，搞了很久，直到该结案时，还请了最后几名当事人来作最后的辨认，其中有一个是已经去崇明“插队”的知青，他惊讶地说：“怎么是他呢？他是我老师，如是他来抄家，我早认出他了。”于是，我莫名其妙被“解放”了，一切不了了之。但就是不放我回中学了，因为“革命群众”与“工宣队”“专案组”是永远不会有错的。面对这样不公的结果，又有谁愿意为我鸣不平呢？我怎么敢说“文革”搞错了，“工宣队”搞错了呢？我至今不知这个学生是男是女，是我什么时候的学生，一切如梦。

从此我离开了民立中学，学生们也都被分配了，大多数是插队，从此我们天各一方了，民立中学似乎也忘记了这个曾经工作过的我。直到“文革”结束，我先去了“少年宫”工作，后去了

在没有阳光的文革中，我向往读书、鲜花、品茗、安宁、思考。
油画写生

上海社会科学院工作，一晃近四十年，各人都为生存昏天黑地地工作。作为资深的学者，我迄今没有退休，仍然天天在忙，得到了许多成就与荣誉，也失去了许多亲情与友情，包括与当年绝大多数学生再也没有谋面的情谊（除了少数班干部）。

这批学生是吃苦最多、受磨难最大的一代，是被牺牲的一代，所以最显苍老，最少骄骄者。对此我们似乎也缺乏一个道歉，甚至还有人为“文革”辩护，实在缺乏反省的精神。但是这个班至少出了一个很特别的学生，他去插队后，又去读书，当了医生，回了上海，当了领导，又当了“劳模”，并担任了市政协委员，专委会主任，又升任常委，最后担任了市政府参事。他的经历与我经历与所担任的社会职务竟一模一样，仿佛是我的再造，当然一定比我更优秀。他叫金亦民，当年一个顽皮又好学的学生。这样成功的学生，一定付出了比一般人更多的辛劳。

我在民立中学虽只有短短一年，但还是给我留下了许多难忘的记忆。

民立中学有一个藏书很丰富的图书馆，我去时已被封掉了，但我与管图书馆的老师反复商量，他很心软，偷偷地不断借给我书，让我读了许多好书，如高尔基的全集、托尔斯泰的主要著作，及俄罗斯许多经典著作，都是在这期间读的。这大大滋润了我的心灵，增长了我的学识。我几乎每天阅读到半夜，如今想起来还感到无比痛快。以后我回到小学，去了茂北小学，他们工会有许多藏书，虽然也封掉了，但我偷偷地把书橱后板撬开了，把欧洲文艺复兴时代的经典著作看了个遍，这就是我经历的“社会大学”。在一个文化被“革命”的时代，能读到这么多的好书，是十分幸福的回忆。

当时，无论学生与老师都很穷，但却不乏同情心。我家住房一间太大一间太小，很想改变一下，苦于没有办法。我们年级组同仁知道了，教我重新隔房。他们说干就干，好几个同事并邀了学校木工，选了一个星期天，从早上六点，干到天黑，整整干了一天，圆满帮我隔好房间，解决了我住房的困难。说来他们也是大知识分子，但他们一点没有架子，没有任何索求，显示了同事间的友情，让我至今感动。这种朴实的情谊，在我以后的岁月，似乎越来越难遇到了。

民立中学有个宣传栏，有十六块墙面，一直做得很有名望，成了石门路与威海路转弯角的一道风景线。我生性好绘画，去了该校，也参加了这“大批判宣传栏”的工作，结识了许多师生，如从浙江美院毕业的章明炎老师、律师出身写得一手好字的周老师，还有69届等分配的陈丹青同学，我跟他们学了许多。这也成了我民立中学回忆的一部分。

当时陈丹青的天分已尽显，宣传栏许多绘画就是他最早期的作品。他看一场体育比赛，可以绘满一二册写生本，不仅神速，而且形准，显示了出众的才华。这跟他有一个好的启蒙老师是分不开的。章明炎为人低调，绘画水平和绘画理论都是一流的，他很器重陈丹青。我与章明炎老师去过陈丹青家，狭小的家，装不下他很高的心。他就是透过天窗，展望未来，走向了世界。他受到影响最大的是鲁迅，那个时代的人大多都如此，即使再杰出的人，思想中最大烙印还是鲁迅。那个时代，除了读毛著，就是允许读鲁著，鲁迅的冷峻与尖刻影响了几代人，对陈丹青的影响也是最深刻的，陈丹青也没有跳出鲁迅对国民性与时代不公的批判。所以陈丹青离开祖国到美国见到了木心，惊为天人。木心的知识正是他最贫乏的，于是他拜木心为师，敬佩木心的知识。假如陈丹青有三分之一时间如我一样偷读完毕图书馆的这些藏书，他就不是今天的陈丹青了。

多少年过去了，陈丹青一直记得我，我也记得他，并以他为荣。我曾对他的著作发表过评论，刊在《新民晚报》。他在美国看到了，对他弟弟说，一定是我才会这样写。他回国后我们偶会一见，他送了我《笑谈大先生》等书。他对友人王安忆等多次说民立中学的章念驰如果穿件长衫，就是一个标标准准的二十年代的教书先生……这就是他画家敏锐的眼光。

是啊，我们的骨子里就是一个书生与教书匠而已。

写于 2018 年 4 月 1 日

2018 年 5 月 15 日改定

我在“文革”后的第一个重要活动*

一、缘　起

我是改革开放的受益者。我不会忘记这四十年改革开放是如何改变了国家，也改变了我的命运。我永远不会忘记1981年隆重纪念辛亥革命七十周年活动。这是“文革”后一次重要的纪念活动，这个活动意味着坚决拨乱反正，纠正了对历史的错误认识，解放了一大批受过各种冲击的人，最大程度团结了一切可以团结的力量去实现“四化”，嘹亮地吹响了实现现代化的进军号。

1981年10月，上海市委组织上海各界人士赴武汉瞻仰辛亥首义史迹，代表共三十二人，有党政领导靖任秋、江华，有民主党派领导赵祖康、周谷城、赵超构、罗冠宗、武和轩、石光海等，有教育界代表人士李楚材、赵宪初等，工商界代表荣漱仁、严庆祥、汤蒂因、徐国懋等，新闻界代表人士陆诒等，旧军人史说、孙铭九、宋瑞珂等，台胞代表人士林田烈、林朝权、林敏

---

* 本文原发表于《民主》2018年第12期，上海网络纪实文学一并刊载。

敏等，辛亥参与者梁烈亚、辛亥后裔蔡怀新、李赣骥及我等人，平均年龄七十岁，年龄在八十以上者五位，年龄最小者是我，三十九岁。我们这些人无论是谁都饱受历次政治运动冲击，都刚刚脱离“文革”被“解放”，还都是惊魂不定，忽然被召集在一起，去纪念不是共产党领导的辛亥革命，让这群“遗老遗少”着实感到意外。大家相聚在一起，都变成了一群“小孩”，有说不完的话，有吐不尽的酸甜苦辣，顿时都忘记了年龄，忘记了受过的苦难，尽情地雀跃。

这次参观访问共十天，一路参观、访问、瞻仰、座谈……一路欢声笑语。大家被唤醒了，开始了新的“长征”。这样把各党派代表性人士组织在一起，大概十几年来还是第一次。大家朝夕相处，尽情倾诉，计划着新的征程，实在让人难以忘怀。三十多年瞬间过去了，我从三十九岁已变成七十七岁的老叟，当年代表团成员大多作古了，但他们的音容笑貌不时会在我眼前回荡。

二、缅　怀

我们代表团团长是靖任秋，时任市委统战部副部长，地位不算高，但资历很高很深，是1925年的老党员。他参加过南昌起义，是打入敌人内务部的孤胆英雄，曾任杨虎城、孙殿英左右手，长期与敌人周旋，策动了五批国民党高级将领起义，是一个传奇式人物，他一生就是一部传奇故事。正是这种复杂经历，让他在解放后受尽审查，在“文革”前就被审查了十六年。他长期不得重用，以致郁郁寡欢，完全没有别的老革命意气风发的姿态。

靖任秋始终沉默寡言，非常内敛，非常壮实，天庭饱满，五官端庄，不卑不亢，有股威姿。任命他为团长有着对他正名的意味，也显示了“文革”后的拨乱反正——这种拨乱反正有着从党内做起的意味。但有趣的是，我们代表团中有好几位被“大释”的国民党将领，真的共产党将领与真的国民党将领在三十二年后聚在了同一个参访团里，不知道谁审查的时间比谁多？

后来靖部长又兼任第六届市政协副主席，我也担任了第六届市政协委员，常有机会见面。他见我是微微一笑，算是认识的，还送给我一本他的回忆录。

我们团的副团长是赵祖康和周谷城。一个是副市长，一个是人大副主任，都是民主人士。两人比较起来，我与周谷城更熟一点。

周谷城，大学者，也是“文革”首先被打倒的“四大金刚”之一。虽然“文革”前毛泽东也会找他聊聊，他算是毛泽东少数的“党外朋友”，但依然被残酷打倒。他常年戴着墨镜，既是为避光，也是不想让别人看到他内心的真实变化。他风趣、幽默、豁达、睿智、慈祥、狡黠，如果没有这点狡黠，他也许不能活得如此长久。当时他刚刚被“解放”，但还没有被真正重用。他的第一个研究生，1957 年被戴上了“右派”帽子，发配西北，平反后却回不到复旦，他也无可奈何，还让我帮他去反映反映。记得我第一次去见他，是“文革”刚刚结束，我的伯父张大壮先生刚刚去世，他是农工民主党成员，周谷城是该党主委，我想请他写个墓碑，所以去见他。他很战战兢兢见了我，小心地问我，“你是不是复旦的学生”？我说：“不要说复旦大学，我任何大学都没有上过！”他听了，大呼：“好，好得很，好得很！”当他知道我是太炎先生后人，更是高兴地大叫：“好，好得很，好得很哪，我们还是同门啊！”坐在一旁的周夫人说：“他被这些师生整怕了！”此后，我成了他府上常客，他对我是有求必应。他以后当了全国人大副委员长，成了国家领导人，去了北京，我到他府上拜访，也通行无阻。

当时谷老已八十三岁，但人很敏捷，思维活跃。他很重视对小辈的教育，这时他孙子正在开蒙时期，该读《三字经》了，他说读《三字经》一定要读太炎先生写的《三字经》，才有时代意义。他向我索要了一册，亲自教孙儿读。1991 年 1 月，上海政协召开纪念我祖父诞辰一百二十二周年活动，他九十三岁了，已经是全国人大副委员长了，竟不请自来，还主动要求发言。他说太炎先生曾到湖南第一师范来讲学，以及其他许多事情，他已记忆模糊了，但太炎先生讲《说文》，尤其讲到“仁”字，让他迄今记忆犹新。历代对“仁”字有许多解释，但太炎先生的说解最让他钦服。太炎先生说仁是人字旁加两点，即两个人，仁就是要讲人与人相互尊重，人与人要互爱，人与人要讲尊严，要尊重对方的权利方为仁。他说太炎先生讲学是古老的，但内容是现代的。我不知道谷老在这个时候，为什么要讲这番话，让我思考至今。

代表团中还有两个著名新闻工作者，俗称“报人”，今称“媒体人”。一个是赵超构，一个是陆诒，一个是新闻工作者，一个是旧闻工作者。

赵超构，笔名林放，是著名的《新民晚报》社社长，是该报“未晚谈”专栏作家。在万马齐喑的时代，他总会批评一点时弊，敢说几句真话，为人耿直，为文正派，爱骂人，提倡办报“近点、软点、快点”，要让报纸“飞到寻常百姓家”，故很受人欢迎。他很有点底气，早年赴延安，九次见毛泽东，写出了《延安一月》，也算是毛泽东认可的党外朋友。

陆诒，资历一点不比林放低，淞沪抗战时就是战地记者，深入战区，报道过淞沪战争，台儿庄战役等无数战事。穿梭于国共之间，担任过《新华日报》记者，又担任过《大公报》等记者，与范长江、曹聚仁齐名。他正直热心，识人无数，但运气不如林放，1957 年成了“大右派”，直到“文革”后平反，被邀参加访问团，也算爱国不分先后。

赵超构为人严肃。每到一地都会赋诗，也会讲一点很得体的话。我们这次参访是坐船来，晚饭后相聚聊天。一日，赵超老与一群老人聚在一起，大诉时弊，我坐在一旁听热闹，听着听着忍不住插嘴了，不料赵超老大喝一声：“小孩子不准乱插话！”我听了赶忙逃走。

我们坐船溯江而上，途经小姑山，独立江中，赵超老即赋诗一首。结束参访，分别时，他将这首诗题写在我笔记簿上：

溯流朝胜路，飘然过马当，
欲寻彭泽宰，小姑迎大江。

这首诗极有气魄，也极有寄寓，对我是无形的鼓励，我这么多年不正是以小姑迎大江之姿而奋斗过来的吗？

我跟陆诒先生在组团前就熟识了，当时他还没“摘帽”，我们的关系如同“扫帚配畚箕”。后来他“摘帽”了，当了上海市政协常委，又当了两届全国人大代表。他脚不良于行，不知什么缘故，但他比一般人还跑得快，总是匆匆忙忙奔走。他既是“老闻记者”，恢复了许多史实，又为民众申言，敢于反映民意，积极参政议政。参政议政还真不易，我当了二十多年市政协委员，也当过常委，深知真正的参政议政是需要资历阅历的，像他这代人的参政议政水准才叫经典呀！

代表团中还有两位教育家，一位是李楚材，一位是赵宪初。他们年龄都已七十五六岁了，但仍健康、硬朗，才思敏捷。李楚材是教育先驱陶行知的入室弟子，始终坚持行知教育思想。他于1943年创建位育小学，后扩大到中学，是上海公认的最好的学校之一，培育优秀学生无数。位育小学规模很大，如今改成向阳小学，地址在襄阳南路一条弄堂里。当时我们家就住在学校的后面，站在晒台上可清楚看到学校全貌。我们兄姐及我都在这所学校读过书，所以始终亲切叫他“李校长”，他总是含笑应答。

另一位教育家赵宪初，是南洋模范中学的校长，“南模”也是人们公认的好学校，培养英才无数。这两位教育家都有一整套教育理论与方法。他们首先把学生当人来培养，教书首先教学生怎么做人，怎么长成有用之才，使人的天性与个性充分自由成长，充分培养人的创造力与张力，而不是像如今的“重点学校”把人像“肯德鸡”一般饲养，磨灭了人的个性与乐趣。当年的好学校与好校长，始终追求快乐教育，让每节课轻松愉快，而如今的教育完全变味了，变成摧残人的教育了。如果李楚材、赵宪初死后有知，非气得跳起来不可！

代表团中还有好几位工商界代表人士，一位是荣家大姐荣漱仁（荣毅仁胞妹，算得上上海首富）；一位是汤蒂因，上海金笔厂老板，人称“金笔汤”，一个女强人，代表了上海民族工商业；一位是金融界代表人士徐国懋，在不发达的上海金融界，他也是佼佼者了；一位是大隆机器厂和苏轮纱厂老板严庆祥。这些大老板与今天私营老板财力虽不可相比，但在当年上海滩都算民族工商业的代表人士了。

这些人中，我与严庆祥最熟，所以安排在同一个房间相处，临行时张承宗部长叮嘱我，“要照顾好严庆老”！通过十天朝夕相处，我们更加熟悉了。严庆老时年八十六，但他很早出道，二十多岁就当了庞大的苏轮纱厂厂长，独自在苏州主持工作。不料厂里老人有点看不起这个少爷，要给他一个下马威，故意唆使员工罢工。严庆老问我：“遇到这种情况你会怎么处置？”我说：“不知道。”他说，我想了一晚，第二天，我一个一个将老管事请进办公室，每一个人进来后，我会立刻关上门，将人拉到我办公椅上坐下，然后我向他跪下，说："我少不更事，求您指点！"并立即递上一红包。如此不耻下问，一一请教，便很快弄清了真相。我听了不禁拍案叫绝，真佩服他的智慧，也知道当个民族企业家不易呀。同样，"文革"后有人看他第一个落实政策，也有些人议论他帮日本人做过事，家中很紧张，他便找我去，对我说，他想给宋庆龄基金会捐十万块钱（这在当时是很大的数目），让我去办一办。于是我给沈粹缜说了，很快办成了。政府也很高兴，统战部也很高兴，非议也没有了。他特给政府写了封信，说我应章念驰和李希泌（李根源之子）提议而为基金会捐款十万，这样他也算在国家面前谢过我了，真是精明睿智。

严庆老喜欢结交名流，他本人喜临池绘画，爱读孔子著作，还写过一本感悟。当年在苏州时，他去我家办的"章氏国学讲习会"听过课，也自认是祖父学生，他家客厅里也确放了我祖父以及李根源等人相片，算不忘师恩。他每逢节庆会赶到苏州向我祖母请安。"文革"中他受很大冲击，从大洋房搬到临街十多平方米的小屋子里，但他怡然自得，照旧书画不辍。我常去看他，听他讲故事。"文革"结束，他是第一个落实政策的，偌大的花园洋房还了给他。因为他有许多海外关系，尤其他的弟弟与弟媳，在台湾是大实业家，如今台湾"裕隆"汽车厂也是他们开办的，所以抄家资产也很快发还了。他神秘地对我说："这一切全靠邓小平！"

1978 年，我去社科院历史研究所工作，专门从事《章太炎全集》的收集、整理、研究、出版。当时我有两幅祖父的团扇扇面，是祖父写的两首诗，时间久了，扇面脱了下来，我便交给严庆老代裱一下，因为他经常请人裱字画。但他却始终没有还我，他对我说：“祖父墨宝都抄去了，这两幅字让给我吧！”我也不好说什么了。过了几天，他让管家送了一台海鸥牌照相机来，说“听说你收集祖父资料缺一只照相机”，我便收下了，一切心照不宣。但他儿子却向市统战部告了状，说我向他父亲索要了一台照相机！

我与严庆老可谓忘年交，无话不讲，他也常跟我讲讲他家事，说“肉食者鄙”。他知道我奋斗经历，看好我前途。当他知道我三次拒绝了市委组织部调令，很感慨，赞我不为官动不为财动，专心学问。他让孙辈向我磕头，说要像我一样做人。他想送我一点钱，先让管事向我转达，我坚拒不收，如果收了钱我与他关系就不平等了。所以这次参访我俩住在一起实在融洽得很。他一路记下了许多感悟，准备反映，我知道他的想法，谎说总结会的发言是有预先安排的，你就以后书面发言吧！总结会陈丕显老领导亲临参加，大家见到老领导，又都得到了解放，如同再生，劫后重逢，气氛好极了，所以总结都是赞美之辞，最多说点“厕所要干净点”“路要修平整点”而已。会毕，宴散，回到房间，严庆老不断说：“不讲真话，不讲真话……”说着说着，竟号啕大哭，抱着我哭得像个小孩！

代表团中还有几位旧军人。一位是国民党六十六军军长宋瑞珂，他长得瘦瘦小小，斯斯文文，完全不像军人，却是黄埔第三期的标准军人，参加过北伐、抗战，最后在国共内战中成了俘虏，当时他是少将，后来他担任过上海黄埔同学会会长，也是上海政协委员。我经常与他开会相见，永远是斯斯文文的。另一个少将是史说，他已七十岁，像个老式教书先生。谁能想象得出他们当年叱咤风云，指挥千军万马，杀敌无数。他们笑谈今日战争电影，说是“扯淡”，衣服不对，武器不对，奖章不对……哪有中枪不死，还能说这么多话……一个枪子，一个流弹，倒下死了，这才是战争。

旧军人中还有一个张学良卫队的队长、东北军中的少壮派，西安事变中手拿双枪捉拿蒋介石的卫队长孙铭九，这些“少壮派”，西安事变后群龙无首了，在东北军中又发动了兵变，失败了只好流亡，最后投靠了汪伪政权。抗战胜利，共产党没有清算他，还给他当了全国人大代表，记着西安事变中叶剑英住在他家里的恩情。孙铭九身体壮实，满脸笑容中却有一双很锐利很锐利的眼睛。

代表团中还有好几位台湾同胞的代表人士，如林田烈、石光海、林朝权、林敏敏。促进祖国统一是一个国家的永恒主题，尤其实现两岸统一更是现实任务，依靠台湾民众来完成台湾的回归，更是迫切而艰巨的使命。所以，哪怕纪念辛亥革命，也要把完成祖国最终统一放在重要位置。1949 年后，台湾与大陆隔绝了往来，所以做台湾人民工作很大程度依靠在陆的台籍人士。林田烈是老一代代表，他 1931 年就加入了“台共”，1947 年从台湾逃往大陆，六个子女只有四个孩子可以跟他逃亡，他只好忍痛弃下两个子女。林朝权是体育家，后半生只好在大陆发展。林敏敏听说担任过周总理日文翻译。石光海是上海著名颌面外科医生，台湾望族，他的女儿女婿也都是医生，女儿石静如后来担任了浙江省台办主任，和我成了好朋友。他们都是台湾事务工作者，我后来却成了资深的台湾问题专家，从事台湾研究三十年，参与了台海许多重大问题研究，这是我当年万万没有想到的，真可谓世事难料。

代表团中属于辛亥参与者和他后人的有五位。一位是梁烈亚，广西人，八十七岁了，当年他父亲与他一同参加镇南关起义。后来他曾担任孙中山机要员，我祖父曾写过一副对联送给他，他是货真价实的革命者，但他一生默默无闻，在一所中学当历史教员而已。参访结束，第二年，他就故世了。当时他耳朵已失聪，与大家交流都靠笔谈，但他很“健谈”，非常风趣，也很慈祥。

另四位是辛亥后裔。蔡怀新是蔡元培儿子，与乃父一样本分厚道，在复旦大学教书。我们家族与蔡元培先生是世交，我祖父坐牢，是他按时探监；我祖父结婚，是他做证婚人；我祖父去世，是他主持追悼会。李赣骥，李烈钧之子，也当过旧军人。唐云鸿，我不太熟悉。我是章太炎孙子，比他们都要小一辈了。

三、结　语

四十年过去了，代表团中的人，绝大多数已作古了，但每逢桂花盛开之时，我就会想起他们。当时我们在武汉，住在东湖宾馆，园内植桂花无数，香味之馥郁，让人陶醉。所以每逢桂花盛开，我就会想起他们。这是“文革”后一场重要的纪念活动，它宣布和承认中国革命的历史包含了辛亥革命在内的一切仁人志士，他们都是我们的革命先驱，中国的民主革命不分新旧。这样的拨乱反正，最大程度团结了从辛亥革命到社会主义革命一切爱国人士，解放了历次政治运动中错误伤害的各界人士。如果说 1949 年是解放了受苦受难的亿万工农，那么 1978 年是解放了无数被伤害的各界人士，让亿万民众团结到中国的现代化建设之中。代表团中的三十二位代表，正是被第二次解放的人。这是一个历史转折点，他们的一张张脸已消失，而他们代表的各个阶层，以及他们的子女及亲朋好友，都投入到“新的长征”之中，让中国不仅站起来，而且富起来，强起来了。这是多么正确的历史选择，历史应该记住这个活动，记住这个历史时刻。故援笔记之。

写于 2018 年 10 月 10 日

纪念周谷城先生*

阅报方晓近有纪念周谷城先生诞辰110周年活动，的确，他是一个值得纪念的人，这倒不是因为他曾任全国人大副委员长，位列国家领导人，也不是因为他曾是农工党领导人，而是因为他学贯中西，是一位勤学好思著述丰富的20世纪极有代表性的有着知识分子良知的学术领军人物。他也是我很敬仰的一位前辈。有这样纪念活动而我若没有一点纪念文字似乎是不应该的，故赘述几句。

我之幸识谷老（人皆尊称他为“谷老”），是在“文革”结束后不久，我已经记不清为什么去拜访他，也记不清与谁同往，似乎是与我表姐夫严四光（严济慈的大儿子）同去，但我记得当时他与周夫人还有点惊魂不定。我敲了敲泰安路他公寓的小门，久久门才打开了一小条缝，里面小心地问我是谁，有何公干，细问毕，终于谨慎地让我进了客厅。谷老慢慢地从里面走出来，迟迟

* 这是一篇未刊的旧作。

缓缓地问我是不是复旦的师生。我说："不要说复旦大学，我任何大学都没有上过！"他听了大喜，连说："好，好得很！"周夫人在旁说，他被这些师生整怕了。当谷老得知我是太炎先生的嫡孙，更高兴地大叫："好，好得很，我们是同门啊！"气氛顿时活跃起来。

自此我常去他府上做客，他见我时总是高高兴兴的。

有一年，我的伯父张大壮先生作古，他是一个穷画家，在当时画还不值钱，画家更不值钱，更不要说社会地位，而张大壮先生比一般画家更穷，穷得连子女都没有。他弟子们在筹划他的葬礼时，提出是否可以请周谷城先生撰墓碑，一是他学问好名头大，二是大壮先生是农工党党员，谷老是上海农工党领导，若谷老撰碑，也是给大壮先生的一份荣幸。于是我去周府商求。不意谷老二话没说，撸袖挥毫。因碑甚大，字大如斗，谷老费力地书写，而且不取分毫。

又有一年，先祖父纪念馆将在杭州西子湖畔落成，这是"文革"后浙江第一个大型人文纪念馆，众人公推请谷老为纪念馆题额，我又去商求。他又二话没说，题就"太炎先生纪念馆"七个大字，迄今刻成巨匾悬于纪念馆大门之上。这幅匾额可以说是我见他书品中最为精彩的一幅了，且也分毫不取。

谷老学贯中西，尤善史学，且有地位，又很长寿，故向他索墨宝者甚夥，我至少还向他索求过"史学情况选编""中国历史学年鉴"等题词，还向他索要过挂于家中的条幅多件，其中一幅最大的是他自撰的一首七律，写得极有气势，不意书写完毕后他竟加上新式标点符号，让我大为惊讶。书法作品加标点，是前无古人的，这大概就是典型的“周氏风格”。谷老就是这样一个不守常法的饱学之士，又是平易近人的一个性情中人。他为别人所做的一切，在他看来是理所当然的，是应该的，而没有交换，没有索取。我也从来没有给过他“润笔”，这在今人来看，或是不可思议的。时下名人题几个字动辄数万元，这实在让我有点大惊小怪，兴许我们这种人真是属于过气的人了。

有一年我为先祖父出版了一本《章太炎篆书千字文》，书印出后我给谷老送去一册。后听周夫人说，谷老得此书后，连续几天心事重重，有两个晚上辗转难眠，数度起床，不断查阅典籍。数日后，谷老才对我讲，看了太炎先生篆书千字文后，发现我们作篆有十多个字与太炎先生不同，这究竟是他老人家错了，还是我们这一代人写错了，这让我十分紧张，经数日查证，终于发现太炎先生写的都是对的，而我们一生几乎都在写错字，这回终于让他弄明白了。当时谷老已年近九旬，还是如此好学不倦，这真是一个学问家的本色。

记得谷老有个孙子，从小聪颖，谷老亲予启蒙，为此他向我索要先祖父编的《三字经》一册。他说，历代《三字经》有多种，唯太炎先生撰的《三字经》最有时代气息，我应以此册启蒙吾孙。我闻之欣然将先父亲自校订的原版《三字经》为谷老送去。

有一年上海市政协举办了一次纪念先祖父诞辰多少年的活动，时间应该是在1989年之后。当时谷老已在北京任全国人大副委员长了，但他突然出现在上海的会场。会上他也作了发言，也许不是原来安排的。他深情地回忆起太炎先生，他说太炎先生在湖南一师的讲学及其他许多事情他已记忆模糊了，但太炎先生对《说文》的解释他迄今记忆犹新，例如一个“仁”字，历代有许多解释，但太炎先生的解释使他最为钦服。太炎先生说，仁是人字旁两点，即两个人，仁就是要人人互相尊重，人人相爱人为仁，人与人互有尊严为仁，要尊重对方权利为仁。太炎先生讲授的学问是古旧的，但内容是现代的，与历代酸儒是不一样的。我不知道谷老为什么会突然想到这一点，一个近百岁的老人，心里想的依然是如此高尚。

谷老赴京后我去京办事也总会去看他，他一点也没有国家领导人的架子。我们天南地北地聊，有着无穷的乐趣。他戏言没能争取我成为他的党成员是他的遗憾，我回答说我自由惯了。他后返回上海住进了华东医院，中央有十多条关于见他的禁令，我知趣地再也没有去看他，直至他去世，再也没有去看他……但他风趣、幽默、豁达、睿智、狡黠、慈祥的音容笑貌始终留在我的记忆里。至于他讲的毛泽东夜接他去游泳池之类的故事，他论述的盛唐再世之类政论，他谈论的“文革”经历旧事，以及他与我的许多交往我已一概都记不得了，也来不及去寻找相关资料。今天我只记得他和周老夫人的和蔼，对后进的提携，以及他阳光灿烂的孩子般的笑容。一个德高望重的人，一个身居高位的人，却毫无架子，毫无傲气，这真是令人高山仰止。

写于 2008 年 9 月 13 日

中秋节前夜

我所知道的王元化*

这是一篇必须偿还的文债。

人过七十五岁，是不知明天醒来是否还清健的，所以必须把每一天当作最后一天来过，该做的事情必须抓紧去完成。这就是我为什么要写我所知道的王元化，因为我欠了元化先生与张可老师一篇纪念文字。

一

有多少人写过纪念王元化先生的文章，大概难以计数了。元化先生自己的著作，大概在他生前就已被出罄了，包括他的《日记》《谈话录》……这是很罕见的，他在生前就被人七手八脚地推到了圣人的祭台上，这与其说是他的愿望，还不如说制造这些文字的人希望以圣徒自居。

---

* 本文原发表于 2018 年《上海文学》第 1 期。

我与元化先生有着少见的公私之谊。他母亲去世，在公祭之后，他又请了三个人参加他母亲的追思会，是在教堂以基督教仪式进行的哀思会。他作为共产党员，又是共产党的宣传部长，是多么犯忌，但他还是悄悄地举办了，这才是一个真实的王元化。我就是被邀请的三个人之一（另二位是徐中玉和钱谷融），关系可谓私密，大概有资格来讲讲王元化吧！

二

我之认识元化先生，是王小安兄的关系。小安兄是王金发的孙子，他认定王金发是冤死的，决心翻这历史旧案。当时我在社科院历史所工作，他三番五次来找我帮忙，带了一捆家谱与有关资料，跟我天上地下地穷聊，不坐上三五个钟头是不会走的。即使不给他续茶，他也会自己倒，直喝到茶清如水。小安兄在街道工厂工作，单纯又没多少文化，性格爽直，什么人都敢骂，连骂江青也是如此。他什么人家都敢闯，像走亲戚一样随便。

为了给王金发翻案，他去找剧作家杨材彬和王元美，动员他们在《清宫秘史》基础上写《绿林好汉王金发》。说得他们动了心，还真写了个本子，好像拍摄了，还把我列为“顾问”。王元美是元化先生姐姐，由此我们又认识了元化先生。小安兄也总是隔三岔五地去元化先生家，也是上天下地地乱扯。元化先生虽是忙人，但他毫不厌恶这个没有城府的年轻人。因为小安兄单纯，豪爽，富有正义感，元化先生倒也轻松面对，有时也会说说笑笑，毫无戒备。

我与元化先生则聊的都是文化话题。他知道我是太炎先生嫡孙，便爱屋及乌，与我谈太炎精神、谈鲁迅、谈文心雕龙、五朝学、新唯识宗、新儒家……话题深入而广泛，愉快而轻松，完全将我视为晚辈。张可老师也对我怀有一种特别好感，常常加入我们聊天。她笑眯眯地坐在我对面，慈祥地对视着我，如同蒙娜丽莎，不时含糊不清地插上几句话，空气里弥漫着一种温情。下午她会端出点心，临到吃饭，他们会盛情留饭。他们也邀请我们夫妇去他家吃饭，精致的餐饮，美味的罗宋汤，让人难忘。他们请汪道涵市长来寓所吃饭，也让我作陪。

元化先生在张可老师面前，常常会大谈其旧事。元化先生的父亲叫王芳荃，湖北江陵人，早年在码头当工人。元化先生母亲桂月华，她的外祖父叫桂美鹏，是中国最早接受基督教的传教士。元化先生父母是自由恋爱，家庭开明，反送元化父亲去深造去留学，后在清华大学执教。元化先生就出生在这样的家庭，清华园给他留下了磨不去的印象。从小受基督教洗礼，笃信宗教，培养了他善恶观。解放后，毛泽东主席接见过他，但他呆呆地站在原地，其他人则蜂拥而上，出于对领袖的虔诚而顶礼膜拜。元化先生认为即使在神的面前，也应该是人人平等的。

元化先生与张可老师也是自由恋爱。张可老师出身富裕家庭，十八岁就翻译出版了奥尼尔的剧作《早餐之前》，并担任了女主角。十九岁就参加了救亡运动。解放后她却主动放弃了登记革命经历，在音乐学院担任普通教师。她用她的美丽与善良维持他们的家庭，给了元化先生身心的庇护，给了他精致的生活，得体的穿着。他们始终保持了高贵的贵族气质，而他们从事的事业却是为平民的。

我在申报副研究员职称时，元化先生担任了推荐人，郑重详尽地写了评语，说我是够格的。我常请他题字，他从无拒绝，如社科院院名、社科院成果展……他办《新启蒙》杂志，甚至请我去担任香港“发行人”。他办《学术集林》杂志，要我提供一篇重量级文章，于是我公开了先祖父《遗嘱》，写了遗嘱的相关背景，成了《学术集林》的第一期第一篇，为此他高兴极了……我们彼此留下了许多美好记忆。

三

我与元化先生建立起上下级的工作关系，是在80年代末，台湾开放“探亲”之后。两岸关系建立之初，上海成立了“海峡两岸学术文化交流促进会”(简称“促进会”)，这是大陆成立最早的两岸交流团体之一，主导此事的是“社联”主席李储文与秘书长乔林。元化先生退下来后没有去担任“作协”“文联”的领导职务，却愿担任“促进会”的会长。我不知怎么被安排去当秘书长。当时我仅仅是社科院一名普通研究人员，一个普通的市政协委员，在这以前，我连个小组组长也没有担任过，于是跟这些货真价实的领导打起了交道。

对“促进会”和文化交流，元化先生是认真的。他重视统一大业，重视团结上海文化精英，他与乔林先生首先搭起了一个庞大的组织架构，网罗了上海当时所有大佬与精英。名誉会长是巴金；副会长有马达、夏禹龙、姜义华、郭炤烈、张瑞芳、冯英子、邓伟志等；顾问有汪道涵、李储文、李子云、方行、王辛笛、明旸、柯灵、胡道静、施蛰存、徐铸成、张树年、冯契、贺绿汀、陈从周、谢稚柳、谭其骧、顾廷龙等；学术委员会主任是张仲礼，副主任有尹继佐、朱维铮、李华兴、马承源、唐振常、徐中玉、程十发、谢晋、钱伯城等；常务理事与学术委员有丁水木、丁夙麟、李小林、李智平、周锦熙、王根发、许四海、吴寄南、马博敏、施炎平、施宣圆、孙颙、陈超南、杨小佛、骆兆添、魏同贤、王战、王沪宁、李良英、周建明、袁恩桢、俞丽拿、许纪霖、葛剑雄、陈思和、陈伟怒、萧功秦、谢遐龄、顾晓明等等。从这个名单可以看出经历了“文革”，他重视了哪些人，这些人也确实在以后几十年的“改革开放”中发挥了重要作用。每逢有活动、接待、研讨，元化先生与乔林总会反反复复研究请谁参加，排兵布阵，一丝不苟。有些重要活动，他总会自己参加。

我从“促进会”工作中学到了许多，见识了许多。我作为秘书长，要协调各方关系，要了解领导意图，要懂得许多潜规则，但我在这方面是一窍不通的，既不适应也不称职，原有的私密关系，一旦变成工作关系或上下级关系，夹在复杂的高层人际关系中，让我不知所措了。何况元化先生是一个极其有性格的人。

四

元化先生出生在一个开明家庭，父母都受过很好的教育。他从小沐浴在“清华园”的雨露中，意气风发，积极向上，十七八岁就加入了共产党，参加了北京“一二·九”学运。追求光明、向往真理成了他不二的追求。他是党内有知识、追求理想的文化人。他从事地下工作，办进步刊物、教书、写文章、鼓吹革命，在文化界从事统战工作，与知识界有广泛接触，受到传统文化深刻影响，钻研过《文心雕龙》《韩非子》、龚自珍、黑格尔、莎士比亚……沉潜往复，从容含玩，有“文化托命人”的使命，崇尚“独立之精神、自由之思想”，是党内敢于“思辨发微”的人。

解放前夕，他就娶得娇妻张可。第二年解放了，他那么年轻就迎来了胜利，当上了领导，真让他得志满怀，恃才而傲，狂了起来。对此他自己也不否认。真可谓春风得意，陶醉其中。但好景不长，他因“胡风反革命集团”案，遭到株连，也被捕了，一下子从天上掉到了深渊，被单独关在一个屋子里，一关两年多。他百思不得其解，于是他精神失常了。而关押他的屋子竟是后来“促进会”一个主要工作人员章小东的家。章小东父亲也是元化先生的故旧靳以先生，命运是如此不可思议。释放后旧案又被重提，灾难再次降临，他又被送到农场改造，他又疯了，歇斯底里地在田垄上猛砸所见的一切东西……虽然两次失常都被张可老师调养好了，但他心灵深处受到的伤害是很难痊愈的。任何运动降临，他都会受惊一阵。

这一切让他性格发生了变化，变得敏感多疑，经常疑神疑鬼，怀疑某某人在算计他。他变得容易发怒，往往一怒不可遏止。他变得爱道听途说，爱听背后议论，也爱议论他人。他爱听恭维，他太需要听众，太爱讲话了，而他的偏听偏信，让他对有些人产生偏见，造成许多误解。他憎恨“文革”，看不起“新贵”，肆言无忌。他的家中往往高朋满座，相互讲来讲去，卷入许多无谓的纠纷。

这一切让我不得不对他敬而远之了。

五

“文革”后，在思想大解放的大潮中，他率先批判“左”倾思潮，反思“文革”，反思历史上的激进主义，从“五四”的激进主义到鲁迅的激进主义，为遭迫害的文化精英翻案。他敢于为《顾准文集》作序。他探索什么是公意，什么不是公意，什么是异化，什么是精神污染，提倡解放思想，宣扬公民启蒙，他不同意事物都是沿着某种规律而发展……他涉足的几乎都是最有政治争议的话题。他写的《反思录》，对一生经历作了三次沉痛反思，这样勇敢而涉及广泛的反思，在近人中是很少见了。我们姑且不论他的反思与启蒙是否正确，但他实实在在影响了一代人，今天还没有一个人能超越他。他一生都在思考，他够得上称为深思博学的人。在改变中国的历史中，在让中国人富起来强起来的历史上，王元化作出了自己的贡献。

元化先生是一个有影响力的人，但绝不是完人。他是一个很复杂的人，又是一个很单纯的人！一次，他去参观一个展览会，有些人见到他，纷纷要他签名，于是他坐下来，一一为大家签名。他先一字一句地写下长长的展览会名称，然后签上自己的名字，再一丝不苟地写上日期……我望着他乐此不疲签名的身影，不知该为他高兴，还是为他悲哀！

写于2017年10月14日

因陈映真而想起的……*

去年11月22日，手机的微信上跳出了一条短讯："台湾著名作家陈映真去世，享年79岁。"这条消息让我怔住了。三个月来，我经常因他而想起许多问题，心情久久不能平复。

陈映真，这久睽的名字！他最后十年因中风而瘫痪在床上，故而离开了人们的视线。年轻人也许会问："他是谁？"而我们这些与他同时代的人，可以说无人不识君。他如此之大地影响过两岸，尤其在文学与统独问题上。人们尊称他是"台湾的鲁迅"。鲁迅1936年离世，人们是何等追悼他，万人送行，今天两岸又会如何为他送行？

在我看到这条噩耗的同时，微信配发了王安忆旧作《英特纳雄耐尔》，这是我读到的第一篇纪念他的文字。王安忆笔下的英雄主义者陈映真，如此大地影响过王安忆这一辈，以至更年轻的一代。王安忆竟将他作为自己的偶像，"我一直追索着他，结果

---

* 本文原发表于2017年《上海文学》第5期。

只染上了他的失望”。这样的话让我费解。王安忆又说：“我从来没有超越过他，但是，他已经被时代赶过！”这更让人费解。

这几个月，我一直试图去了解这个我既熟悉而又陌生的陈映真。

我多次见过陈映真，多半在两岸关系的讨论会上。早在 1989 年，上海的海峡两岸学术文化交流促进会与武汉电视台合作成立了“海峡影视中心”，还拍摄过陈映真的成名作《将军族》，我是这个影视中心挂名“法人代表”，当然知道陈映真是何等样人，也读过他另一部成名作《夜行货车》。我之知道陈映真并不仅仅因为他是文学家，而是因为他是台湾的“马克思主义”的信仰者。

陈映真长我五岁，我们可以算是同时代者。我们所处的青少年时期，可以说风雨如晦，鸡鸣不已，是一个崇尚革命、崇尚英雄的时代。从法国革命到苏俄十月革命，从辛亥革命到二次国内革命，革命仿佛是“荡涤一切污泥浊水的万能神器”。从十二月党人到布尔什维克党人，从高尔基到鲁迅，以及旧俄时代的托尔斯泰到克鲁泡特金……在当时，不管用什么手段，阅读这些书籍都是“进步”的。从《牛虻》到奥斯特洛夫斯基，他们是如此之大地影响过我们这一代人，今天的年轻人是无法认知与体会的。陈映真也是这样过来的，他在读《普希金传》后写道：

读着这个旧俄的天才诗人，集贵族、无赖、纨绔、天使和反叛者于一身的诗人，恁恣而斗胆地挑激命运中狂乱的欢乐和危噩的诗人的一生，对于在平庸和驯良中长大的我，是不曾有过的震动。接着，我遇见了克鲁泡特金，随着他到过民国前的风雪的东北，随着他走遍腐败而顽固的俄国，随着他遇见直斥虚伪的礼仪，好学深思，称颂真诚的人类爱的，被屠格涅夫称为“虚无主义”者的俄国青年们；我也看见了整个当时在动荡中的西欧的动人心的风潮。

这种革命英雄主义，随着中国共产党在中国成立了“新中国”，让帝国主义、压迫、社会不公、富人……从中国滚了出去，更让陈映真一辈心喜心仪，从而成为了一个“不可救药”的理想主义者。他在台湾，不知怎么读到了《共产党宣言》，觉得这里面句句话都为“穷人”讲话，心暖不已。他读到了《红岩》等大陆作品，心里更是充满激情，他慢慢从文学家陈映真变成了政治家的陈映真。

我们这一代人几乎都是鲁迅的私淑弟子，在“文化饥渴”的时代，鲁迅作品几乎是我们唯一可以读到的文化经典。由于毛泽东对鲁迅的赞美，以至鲁迅的作品与毛泽东语录是唯一可以携带到牢狱的书籍，所以无论陈映真还是陈丹青，他们的文风、思维、逻辑几乎都打上了鲁迅的烙印，甚至形成刻薄的肆无忌惮的批评一切的性格。鲁迅对国民性的孱弱与社会不公的愤恨，也常常感染从陈映真到陈丹青的几代人。陈映真在概括文学的使命时说：

> 文字为的是使丧志的人重新燃起希望；使受凌辱的人找回尊严，使悲伤的人得着安慰；使沮丧的人恢复勇气……

他说他自己：

> 写小说目的很简单，就是宣传，宣传一整代足以谴责眼前犬儒主义世界的一代人。小说的艺术性就是为我的思想服务的。

这些话与鲁迅及毛泽东的《在延安文艺座谈会上的讲话》何其相似。他毫不回避自己是台湾的左派。他同情底层民众，反对美国的霸权主义，憎恶资本主义，关心“第三世界”，为祖国的每一点成就自豪，甚至为“文革”辩护，坚决反对“台独”，旗帜鲜明地支持“统一”。他是台湾知识分子的“良心”，徐复观称他为“海峡两岸第一人”，言人所不敢言，为人所不敢为之事。他因言坐牢，七年铁窗，甘之如饴。这样的人奠定了他在海峡两岸的地位，还没有人超越他，也没有人会漠视他。

陈映真是台湾社会转型的推动者，正是因为他早年推动台湾的“乡土文学”，颠覆了国民党长期在台湾对本土文化的压制。1949 年蒋介石到台湾后，台湾人成了“二等公民”，台语、台史、台风俗都被禁用，这种高压统治，终究在为“乡土文学”正名运动中获得再生，而这种正名运动后来又融入了台湾“本土化”运动之中。陈映真对国民党专制的批判，也汇入了台湾“民主化”运动之中。六七十年代“党外运动”的兴起，乃至轰轰烈烈的“保钓运动”的爆发，让蒋经国不得不选择“开放”与解除“党禁”，“政党政治”从此在台湾兴起。这是一个时代的分水岭，也是统独的分水岭。“民主化与本土化”一发而不可收，直到1996年，台湾实行地区领导人直选。以后的每一次选举只不过是对“民主化与本土化”的延伸。台湾的一切变化，首先是它内因的变化，这变化就是追求社会转型，即“民主化与本土化”。台湾的“民主化”固然让台湾变得更多元，然而这种民主又成了“民粹”与“民主暴力”，演变成“太阳花学运”。

这一切对推动“民主化与本土化”的老一辈人士来说，是莫大的讽刺，他们争取来的“民主化与本土化”，竟埋葬了他们自己。毛铸伦先生在悼念陈映真的文章中写道：

> 于是，像陈映真这样具悲悯正直忧国忧民的浓烈文学心灵的人，目睹台湾病态自残自弃的恶化，以及被寄以厚望且曾经慷慨昂然的“联盟”，在外部敌对力量长时间软/慢的腐蚀过程中，流于衰落涣散短视自囿，怎么不会感到挫折失望，心灰意冷？

所以毛铸伦将这篇悼文题目定为《一个清醒但痛楚活在台湾的高贵心灵》。这样的描述再确切不过了。

对于台湾这种变化，由于无法调整心态，最后落得不知所措，陈映真不是个例。一些学者，乃至部分民众，因为自闭和“大汉族、大中华主义”作祟，无视台湾的变化，所谓“以不变应万变”，使我们的认识落后于台湾现状，造成今日台湾民众心不在我，从而形成的僵局，教训是深刻与普遍的。

1945 年，台湾回归后，台湾民众从欢天喜地庆回归，到对国民党的失望，经过“二・二八”的伤痛，反对势力逐步形成，“党外运动”兴起，要民主反专制成了社会运动的主旋律，《自由中国》《文星》《大学杂志》《台湾政治》《美丽岛》……以及陈映真发表过许多作品的《笔汇》《夏潮》，点燃了以后的“保钓运动”，许多人因此坐牢。在牢中不同政见的人互相鼓励。一个“独派”人士告诉我，他入狱时一无所有，晚上只好睡在冰冷的水泥地上，而“统派”的某某人立即给他送来了毛毯等，让他感动终生。出狱后，他还是从事反抗运动，但他从不骂有些“统派”人士。这样的正反例子有很多。总之这些街头政治运动，造就了以后所谓的“统派”与“独派”。陈映真成了台湾第一届“中国统一联盟”的主席，实在是需要勇气的。

1983 年，陈映真出狱后第一次被允许离开台湾，到美国爱荷华州国立大学做访问学者。第一次接触到大陆去的访问学者，他失望地发现大陆人并没有强烈的“反帝”意识，他们对资本主义的“惊羡”，对物质的“重视”，对“第三世界”的“冷漠”，让这个台湾的马克思主义者感到纳闷。以后他有机会到大陆访问，虽然受到高规格接待，但他的主张明显受到冷遇。清华大学汪晖教授在文章中说，有一次在青岛的一个对环保问题的学术讨论会上，陈映真大声疾呼，发展不应以牺牲环保为代价，他沉痛诉说了西方在这方面的教训，而听者却表现出对他发言的“鄙夷”。宁夏的与会者还说我们希望被“污染”，“污染”越多越好。陈映真遭遇这种冷遇与失望，比比皆是。作为后任“统联”主席毛铸伦深有感触地说：

> 我亲自在现场看到北京的中生代涉台干部与台湾研究的人，于陈映真进行演讲时，脸上流出的骇异不解神情。这何尝不是“文化沟距”？却发生在陈映真这位来自台湾的马克思列宁主义/毛泽东思想的真信徒，与今天中共的主流干部之间。我这样认为，陈映真兄内心的失望与痛楚，又比胡秋原先生更复杂难解，那是一种末世感。

是的，让陈映真更为痛苦的不仅是台湾的激变，更是大陆的激变。

我们要解决台湾问题，台湾的“统派”当然是我们最重要的同盟军，而我们跟“统派”之间在“价值观”与“如何统一”两大问题上的差距是如此之大，让人每想及于此难以安卧。

陈映真作为“台湾的鲁迅”，在大陆必会无忌地批判各种社会问题，必会与共产党产生龃龉，结果是很不妙的。正如毛泽东所说，鲁迅如活到“解放后”，不是去坐牢，就是识相地“闭嘴”。陈映真呢？我不敢往下想。

大概我们首先要从认同“统派”着手，而今日的“统派”，也非陈映真这一代“统派”了。我们都要有一个重新认识台湾，重新认识统一，重新认识“统派”的过程。台湾问题之复杂，不是那些天天嚷嚷“武统”的人可以驾驭的。

三个月来，纪念陈映真的文章不断涌现，人们称他是“台湾的良心”“时代的良心”“最后一个理想主义者”，一个“悲观的理想主义者”，一个“死不悔改的统派”，一个“孤独者”，“台湾最后的乌托邦主义者”，是“革命者的悲剧与悲剧中的革命者”……最多的则称他是“台湾的鲁迅”。台湾的蓝绿两边都有对他纪念的文字，无论敌人还是同志，都不敢对他不敬。他在人格上是无可挑剔的，他不仅是王安忆心中的偶像，也是我心中的偶像，我钦佩他的堂吉诃德式精神，人也许需要一点这种“傻气”。

王安忆说“我从来没有超越过他，但是，他已经被时代赶过”。在我写这篇文章过程中，我渐渐理解了这句话。这也许就是所谓的“革命者的悲剧”。如果陈映真能有一点与时俱进的精神，拥有敏感的接纳新趋势、新变化的能力，也许会更高大。

这也是我对“统派”朋友们的一点期待。

写于 2017 年 2 月 8 日

缅怀刘振强先生*

春节长假后上班的第一天，我看到桌上摆着台湾三民书局创办人刘振强董事长的贺卡。二十多年了，刘先生的贺卡总是这样准时，我们相互间问候应该至少有二十一年了。

五天后，我在台湾《联合报》上吃惊地读到刘先生去世的噩耗，我的心被重重一击，一种难以名状的痛楚袭来。一颗灿烂的星星陨落了，一个了不起的文化传播者离世了，这是中国文化难以弥补的损失。噩耗说，他辞世于 1 月 23 日，享年八十六。他立下遗嘱，不办公祭，不开追悼会，悄悄地走了，就像他一生，不求闻达，低调做人。如今，他同样不想惊吵世人，悄然走了！

一

刘振强先生 1949 年由上海赴台，他父亲在上海任中学校长，

* 本文原发表于《人民政协报》2017 年 8 月。

家教甚严，他母亲也是一个知书达理的人，她嘱他当个“上等人”，即有错即改人。他只身闯台湾，从底层做起，志在出版业，于是与另两个友人合伙办了“三民书局”，即三个小民合办的出版社，并非与当局有关的具浓厚政治色彩的“三民主义”机构。他其实很不“讲政治”，在六七十年代，他的出版物中不肯将“中共”写成“共匪”，险些被抓坐牢。他将一个小店铺，办成拥有两幢大厦的大图书公司，俨然成了一个出版“小王国”，先后出版了近万种图书，海峡两岸许多文化名人著作都曾在他的“三民”出版。

我最早知道刘振强是我师伯潘重规先生介绍的，我从他那里了解了刘先生的许多传奇故事，大概港台文化人对他都是不陌生的。1988 年，两岸刚刚开放交流，他就派了两个编辑来大陆广泛访问学术界名流，向他们征稿，抢救了一大批文化财富。大陆经历“文革”，让中国传统文化一而再，再而三地受到摧残，有的学者学问被耽误了几十年，这时三民书局来征稿，让他们有了更多发表学术成果的机会。我当时在大陆第一个对台交流团体——海峡两岸学术文化交流促进会任秘书长，也经常接待他们的来访，与黄国钟先生等成了莫逆之交。这些编辑敬业、守信、谦卑、正派，极懂业务，像蜜蜂一样在两岸辛勤采蜜。他们是我接待过无数批访客中，唯一不接受招待的来客，可见三民书局风气之正。

我从黄国钟先生等人那里进一步了解刘振强先生为人，以及他们的业务。他们最早做学校的辅导读物，后致力于出版“古籍今注新译丛书”“中国古典名著丛书”“世界哲学家丛书”“音乐丛书”“沧海丛书”等丛书以及中外各种词典，达二三百种，坚持了五十多年。

黄国钟先生也向我约稿，我高兴地应允了。但我当时一边要从事历史研究所的工作，一边要从事两岸关系工作，集中不了精力完成一部专著。于是将手边一篇论文《章太炎寓沪考》——对我先祖父在上海工作生活四十年的考证，扩充成十多万字的一部“小书”，交给了三民书局。

1995 年，“江八条”发表后，我作为大陆首批台湾问题研究专家赴台访问，日程中安排了访问三民书局。刘振强先生高兴地安排了与我见面，但由于赴台手续烦琐，三次更改日程，刘先生也三次调整了赴美计划，以践相见之诺。3 月 20 日我经一天折腾，很晚才抵达台北宿地，想不到黄国钟先生一行已在饭店等候，将刚刚出版的《沪上春秋——章太炎与上海》送到我手上，真让我大喜过望，心暖不已。《沪上春秋》虽是小册子，但内容严肃正经，填补了对章太炎研究的不足，著作中不乏对国民党的批评，竟不删一字，且装帧印刷讲究，显示了出版的水平。

三日后我与刘振强先生终于见面了，他虽长我十岁，但显得比年龄苍老，更显厚道，举手投足之间显得斯文优雅，充满中国文人的气息。他说要在一家最好的饭店请我吃饭，到达一看竟是一家上海餐馆。他三次改动日程，竟为在上海餐馆招待一个久住上海的客人，真不可思议。但对他来讲，上海是他家乡，是一个游子心中最神圣的地方，以家乡最好的菜招待最尊贵的客人，在他心里也许是最合适的。想到这里，我有点心酸。

饭后他陪我参观了他们的办公大楼，巍巍两幢大厦，一幢出租，以租养文，一幢为办公大楼。从地下一层至楼上四层均为图书销售部，陈列着十二多万种书籍（当时国内最大书店——北京王府井新华书店，只有四万册书，如今三民书局书店销售部已近二十万种书籍了），环境典雅，舒适，宽敞，处处有座位，时时有音乐，让人置于书海之中，产生了对知识的敬畏。二十年前，我看到这样的书城，真是目瞪口呆，敬佩不已。台湾的诚品书店，名声很大，其实无论规模与书种，都是无法与三民书局媲美的。

大楼其他楼层均是编辑部，四百多个员工埋头工作，井井有条，已经用上电脑，在从事着几个重大项目，让我震惊不已。

二

刘振强先生一生做了两件大事。

第一件，他以一人之力完成一部中华《大辞典》。辞典是一国文化的总汇，1936 年中华书局出版过中国近代第一部《辞海》，收条目 85803 个，总字数为 676 万字。但几十年过去了，始终没有增删，于是以三民书局一家之力，历时十四年，完成了一部《大辞典》，收词条 127430 条，总字数达 1600 万字，投入资金 1 亿 6000 万元，足以买下当时台北重庆南路的五栋店面。编写过程中，精益求精的动人故事，不胜枚举。尽管几乎用尽他所有资金，但他为中华文化，毫不犹豫。他的《大辞典》因成本太大，没有赚到钱，但大陆出版社趁机盗印，发了大财。

第二件是实施了二十年的“造字工程”。当时台湾也进入了电脑时代，但没有一套中国人自己造的电脑字库，于是他决定由三民书局自己造一套全新的字库。当年我参观三民书局时，他们上下员工正在致力于这项工程。近阅李昕先生写的《书界奇人刘振强》一文，有较详尽描述：

刘先生再次横下一条心，要制作一套真正由中国人一笔一划写出的包含各种字体的电脑字库。不仅汉字要齐，要规范，而且要美观，看上去好看，舒服，具有中国书法的美感。他觉得，以我们泱泱大国，五千年文化传承，怎么能没有一个让我们自己喜欢，感到满意的汉字系统？

于是他招聘美工，成立造字部门，从授课培训开始，请专家指导美工写字。先把字的框架写在网格纸上，然后用毛笔描黑，再扫描输入电脑，最后在电脑上修改。需要写出的汉字字体包括宋体、楷体、黑体、小篆等六种，每种包含六万到九万个汉字不等，这样的大字库，将目前在各种珍稀版本图书中能够搜罗到的汉字都包罗进去，使之再无缺字可言。

在实施造字工程的同时，刘先生又发现，现有的电脑排版软件，对于驾驭他所开发的超大型字库来说，效能不足。于是他另行组织团队，重新开发三民自己的自动化排版系统，使字库与排版系统相匹配。这样，造字和软件开发两个团队，在三民内部，开始了马拉松式的协同运动，累计长达二十年之久。耗资财、人力难以计数。

造字过程中，他稍有不满，就会报废重造，为此他聘用的美工就达一百二十多人，他以极度负责精神追求完美。

另有一事也反映了刘先生追求完美的性格。他在他的大楼上要写八个大字——“三民书局文化大楼”，请我帮忙，要找大陆书法最好的人来写，我推荐沙孟海先生。于是他让我去求字，我就请沙孟海先生书写了八个气派极大的“三民书局文化大楼”大字，迄今还耸立在楼端。刘先生极为满意，可见他追求完美的性格。

三

刘振强先生以一人之力，孜孜不倦在台湾传播中华文化，是文化薪火的传播者，在文化上坚守一个中国，值得两岸民众缅怀与敬重。

一个中国，由几个纽带组成：第一是血缘，第二是地理，第三是历史，第四是文化，第五是政治，第六是经济。血缘、地理、历史是天然存在的，而文化与政治、经济是需要培植与呵护的。两岸同属一中的“九二共识”是政治联结点，缺乏这联结点，无疑可以演变成“两个中国”或“一中一台”，所以必须固守“一中”原则的“九二共识”。传统的中国文化，是两岸的文化联结点，维护中华民族的团结，维护一个中国的情感，靠的是共同的语言、文字、文化与传统。没有了中华文化的魂，也没有一个中国的存在基础。刘振强先生一生默默从事的就是一个中国的文化建设。“台独”文化在中华文化面前，真是不值一提，可见中华文化的宏伟丰富。

凡去过台湾的人，对台湾的第一印象几乎都是对台湾人的礼貌与文明留下了好感，这是因为中华传统文化与文明在台湾得到了较好的传承。而大陆对传统文化的摧残并不仅仅是一次“文革”，几乎每次政治运动都是对文明与文化的打击。人与人，人与家庭，人与国家，变得都可以相互“揭发”，相互“斗争”，相互“造反”，仁义礼智信，荡然无存，其后果至今未能消除。中国在世界上站起来了，国家强起来了，但中国人的“样子”还得不到世界的赞美。究其缘由是文化的断层。我们今天也在大力提倡弘扬中华优秀传统文化，但受过去思维的影响，有时还不能做得很好。我们每天都会发生不可思议的事，如昨天广播中说，我们决定将一千多种传统中药改名，将这些凝聚着传统与文化、智慧、历史的中药，改成“现代名称”。这种荒唐事，就是没有文化。

刘振强先生虽不介入政治，没有高谈阔论，但他的一生，实实在在捍卫了中华文化，捍卫了一个中国。听说他给小孙子取名“一中”，这让我感动不已。据李昕先生介绍，国家新闻出版总局的一位领导曾访问三民书局，听了介绍，参观后，对刘先生说：

"我们在中国大陆搞了这么多年的社会主义，结果今天发现，你在自己的公司里搞的社会主义，比我们还要领先一步呢。"我想，这不是虚言。这些"台湾经验"，也是两岸的共同财富。我曾约他在上海一见，我也向汪道涵会长介绍过他，汪会长听了深为感动，特嘱我代他诚邀刘先生来访。但他至死没有回过大陆，听说大概是由于他双亲已死于"文革"的缘故……这样的憾事太多了。我们一切活着的人，最大的责任就是不让这些悲剧重演！

刘振强先生虽再也没有回到大陆，但大陆会记住他，两岸民众会缅怀他。他留下的文化财富，将与日月同在。

写于 2017 年 2 月 18 日

故人故事

到我这年纪，新人越来越不熟悉了，熟人又一个个凋零了，剩下就是越来越多的故人故事。前不久走掉的高式熊先生，就让我久久地停留在回忆之中……

一

高式熊，大家都尊称他“高老”，他确实老了，九十八岁了。也有更多人称他“高老头”，他一点不生气，一生如此。他九十六岁前还活跃在社会的各种舞台上，这确实不多见。我四、五十年前就与他熟识，他长了一副西方人的面孔，却是一个道道地地的中国式的士大夫。他最最擅长的是中国传统的书法与篆刻，他长得高高大大的，笑容满脸，几十年没有变化。他很长时间生活在社会底层，但他从事的工作是高档的。他精通印泥制作，擅长书法理论，长于篆刻艺术，他还会修钢笔、手表、收音机……他的兴趣是广泛的，多才多艺，最出色的当然是书法篆刻。俗言腹有诗书气自华，所以他一点没有卑躬屈膝的劣姿，一直保持不卑不亢的精神。他出生于诗书之家，父亲高振霄先生，清朝进士、翰林，1949年后任首任上海文史馆员。高老没有进正规学校读过书，其父亲授他知识，属于老式的教育方式。因此他接受了较严格的传统文化教育，从《说文解字》的音韵文字学着手，故擅治篆文，大小篆皆通，这对他治印极有帮助，对他从事书法艺术更有助力。尽管他没有一点学历，但仍获得中国文联与书协颁发的“终身成就奖”，也被聘为市文史馆员，成就父子同为文史馆员的佳话。这是前无古人的，也是当之无愧的。

高式熊先生最杰出的一点是毫无艺术家的架子，不追逐名利，人家称他“好好先生”“老克勒”“老顽童”“一代宗师”……我国自走向市场经济后，好像什么都成了商品，均以钱为标准，一幅画以尺计，动辄数万一尺，一个字，甚至也以万元计。有的“艺术家”为了自抬身价，水平三流四流，也自标“天价”……人与人的关系，变成了金钱关系，人情友谊荡然无存。但高先生却是另类，他是有求必应。他不认为自己的书法与篆刻是商品，而坚守自己的文化阵地，弘扬传统，只要有人索求，他都乐于相赠。有时参加活动，求字者排了长队，有认识的，有不认识的，有当领导的，有一般群众的，他是有求必应。他认为他送给大家的不是商品，而是文化，是传统。所以，他的书法在社会上流传太广，尽管他的作品水平很高，但“价格”不高了。他的作品以小篆与楷书为多，鲜少行草，故都是一字一句，一笔一划认认真真写出来的。一个九十多岁的老翁，这样战战兢兢地一笔一划作书，近乎于“痴”，多么让人不忍，但他甘之如饴。

我认识高老先生时他在当工人，我当民办小学教师，但我们的兴趣爱好那么一致，那么投趣，两个“落难公子”，聚在一起无话不谈，这种快活，今日难觅。我称他“高先生”，他称我“章先生”，当时很少有人称呼“先生”，这大概表示高贵又显没落，人说“先生先生，长衫破褂”。我的工资连续十多年保持36元，他也多不了多少。我多次到他家中造访，一个小得不能再小的房间，堆了许许多多杂物，拉开抽屉，放满各式旧钢笔、破相机……这么狭小的地方却诞生了一个书法艺术家，真如《圣经》所说：“马棚里没有灯”，这样的地方注定要出“圣人”。他的兴趣与爱好这么广泛，但书法篆刻是他的最爱。他功底很深，又勤奋，水平一流，若在专业单位，高级职称是没有问题的，但他没有学历，始终是“白丁”。我曾请他为我治一枚名章，一方闲章，他亲选了二方上好寿山石，为我治了“章念驰印”与“后死之责”二印，刻得好极了，后来收到了他出版的印谱之中，但他却没有收我一毛钱。我想表达谢意，他坚持不取！这在今天的人看来实在是不可思议的！

一个没有任何学历与职称的“白丁”，竟获全国“终身成就奖”，实在是让人感到感动与羡慕，这是实至名归，因为像他这样德艺双馨，也是独一无二的。那些所谓的“饱学之士”和“大师”们，是不是应该感动一下？他如此淡泊名利，是不是也应多多宣传一番？他这种“傻子”精神是不是也应多提倡一点？他如此敬业，说“搞艺术的人最后倒在自己最钟爱的舞台，是福报”，他的一生，与他这句话切合极了，这才是时代的英雄。

他的书法成就与篆刻成就实在是没有话好说的。他写的是标准的楷书，与他为人一样工整洒脱，没有一点花巧，称他为书法家是当之无愧的。我最尊敬他的是他的学术功底，写字作篆字字合六法，没有一个错别字，恪守了传统书法规则。而不知从什么时候起，书法篆刻只讲“艺术”，不讲“规则”，某些书法篆刻“大家”，写十个字都会有二三个错别字，任意造字，悖得不知哪里去了。呜呼哀哉！

二

说到书法篆刻艺术，我就不由得想到钱君匋先生。他是老一辈艺术家了，1925 年就在浙江艺专当教授了。他是书籍装帧设计前辈，在二十世纪二三十年代，就为茅盾、巴金、鲁迅、郑振铎、陈望道、郁达夫、叶圣陶、周予同等名家著作设计过书面，累计设计装帧达 1700 多册，名噪一时。而他的音乐、书法、篆刻，更是一项比一项精通。他的书法先师从吴昌硕，后师从赵之谦，融各家之长，成一代大家，尤长于汉隶，又带有汉简风格。他的润笔，价格是不菲的，社会地位也远在高式熊先生之上，这是两种人。钱先生是有钱有地位的，住在重庆路一幢大房子，当过出版社社长、市政协委员等。他的绘画也很出彩，尤精于梅兰竹菊，是文人画，以清瘦见神，章法布局精炼，有一股说不出的清趣。他一生治印两万方，上溯秦汉玺印，下吸收晚清诸家精髓，是有继承的，不是一般的篆刻，很多高官名人都以拥有他的刻章为荣，他真是多才多艺。

我不知什么时候认识他的，但他将四千多件收藏捐给了家乡，家乡为他盖艺术馆，他邀我与他同车前往；正式开馆时又邀我参加，也是邀我与他同车前往。一辆小车，就我们两三个人，这样的殊荣，我是很感怀的。我们天上地下乱聊，非常谈得来，这样的殊荣，也是一般人享受不到的，我是很珍惜的。当时我并没有什么地位，没有钱，只是在社科院工作，他却很提携我。他给我送了一大幅书法作品，以他最擅长的汉隶，抄录了温庭筠的名诗《过陈琳墓》中两句诗：

词客有灵应识我，
霸才无主独怜君。

我将这幅作品挂在家中多年，欣赏着它的艺术魅力，更玩味着诗的内容，这不正是写了我们这几代人的遭遇吗？我们彼此是心有灵犀的。我从来没有向钱先生乞求过印章，他却主动为我治了三对印章，都是我的名字章，共六枚，刻了三种不同风格，装在三个精致的印盒中，却没有向我要过一毛钱！连印章石也没有向我要钱！他姓钱，也要钱，但没有要过我一毛钱，我不是权贵，也不是阔佬，更不是美女，说明他并不看重钱，仍把情谊看得高过钱！试问今日还有此辈君子否？

有一次他到我家来，正好看到我女儿在临帖，写的是大字，每字盈尺，他看了很高兴，大赞有气魄。他说写字应从写大字着手，才能写好。可惜我女儿没有坚持下去。

钱先生的艺术馆收藏着四千多件他的字画、篆刻、艺术收藏，许多是一级藏品，都是货真价实，够得上纪念资格的珍品，而不是从地摊上买来的“艺术品”，滥竽充数。我的家乡杭州为我先祖父建了“太炎先生纪念馆”，我们捐了文物八千多件，件件货真价实，价值不菲。如果我们留下几件，我们今日已成亿万富翁了。这种事是不可以以假充好，欺世盗名的。

三

说到书画篆刻，就不能不说沙孟海先生。他是书法界的泰斗。他之后我见过的书法家中，作品可以一个一个字竖起来看的，可以传世的，有品性的，只有周慧珺先生了，但他俩的学问又不是在一个水平上的。

沙孟海先生是一个有学历有经历的人。他也是从治小学入手，是有根底的，他许多论文就发表在我祖父太炎先生创办的《华国月刊》上，这是上世纪二十年代的事了。后来他在国民政府教育部、交通部都任过职，蒋介石请他编纂《武岭蒋氏宗谱》，是相当看重他的学问人品的。1949 年以后他在文管会、博物馆、西泠印社、中国书协都任过领导，也在一些大学兼任教授，但他笔耕篆刻从没有停止过。杭州乃至浙江许多招牌出于他手，构成了一个地方的特色，这种巍巍独特的“沙体”，构成了一道风景线。

沙先生治学最早精工小楷，这真叫蝇头楷书，整齐工正。那时他指导他弟弟沙文汉的媳妇陈修良学书法，也是从小楷着手。陈修良在她的回忆录中也记录了这段历史，说沙孟海要她当书法家，认为她有天分，但她走了革命家的道路。陈修良晚年在上海社科院工作，我跟她成了同事。有一年院里办了一个员工书画展，她用一幅她二十多岁时的书法立轴参加了此赛，我将自己一幅在历史研究所前的油画棒写生——《历史所前的老银杏》参加了此赛。社科院内擅长书画的人还真不少，但书法最佳者非陈修良莫属，她二十多岁时的小楷，才气十足，得了第一名。我的写生获西画第一名。这一切都成了过去，但我是少数了解陈修良这一段历史的人。

沙先生后来弃小楷，改写大字，弃工整而为奔放，特别讲究字的“体势”与“气势”，改正楷为行草，始作擘窠大字，愈写愈坚。善用侧锋，线条厚朴，将帖学与碑派相结合，达到信手拈来，炉火纯青，每个字立得牢，站得住。他写的一个龙字，厚实大气，无人能及。启功先生称他“笔与笔、字与字之间，亲密而无隔阂，茂密雄厚”，真可谓“疏可走马，密不通风”。他到了九十多岁，无论写大字，或写小字，手不抖，气不喘，这才叫功夫。

沙老比他书法篆刻更了不起的是他的为人，一是一生正气，二是诚恳待人。启功先生说，他见沙先生时，不免恭维几句，因为沙老长他十二岁，但沙老每次听到恭维，都会说：“你再客气，我不和你作朋友了！”真是率真。启功先生有时即兴写了一点诗，请沙老指正，沙老也会指出“这句不好”！问他什么地方不好，他竟说：“不好就是不好！”这真是少有的中国士人的风格哪！

我家与沙先生是世交，故我常去他家走动，叨扰他老人家真的太多了，请他写纪念文章，为《章太炎全集》题签，为先祖父小篆千字文作序，为先祖父大篆作序（原稿仍为我收藏），为三民书局大厦题词……他总是来者不拒，他太愿为先祖父做事了。1954 年，先祖父由苏州迁葬杭州南屏山下，他是治丧委员。1981 年先祖父墓修复，他作为嘉宾亲往祭典，当时下了一天一夜雨，他踩着泥泞，一脚高一脚低亲自往祭，这年他已八十多岁了。

他就像一座大山，站在人前，笔挺笔挺，声如洪钟，高大巍峨。他的字也如一座座山，是立得起来的！1992 年，他九十三岁，在他家乡宁波东钱湖畔成立了“沙孟海书院”，他邀我参加落成典礼，我欣然前往。就在典礼前夜，他与我们见面，向大家说了许多感谢的言语，一语不及自己成就。当夜，他洗浴不慎跌伤，就此不起，不久作古。但他在我心里依然是一座不倒的大山。

虽然我们是世交，我为自己只求过一幅字，只开过一次口，因为先祖父留下了一对楠木楹联框，我想放他的作品。他答应了，并依楹联大小写好了，让一个书画出版社的编辑带给我。但几十年过去了，沙老赐我的字，迄今还没有带到！啊，人啊人，为什么人品这么不同？

四

论书法艺术，就不能不提到赵朴初先生，人称他赵朴老，或朴老，以示尊重。他的字娟秀庄重，无人能及，和启功先生是一路风格，但与沙老的字是不同风格。全国寺院匾额，一大半以上是朴老挥毫的。他的字端庄又飘逸，大字厚重秀美，知道什么地方下粗笔什么地方下细笔，有一股禅意，人称他的书法有“颜柳的筋骨，东坡的娟秀”。一句话，我认为他的字是“娟”，但又不媚。

赵朴老早年从事慈善事业，也参加过救亡运动，在上世纪二十年代，他作为居士，参与组织上海佛教协会。他当时是秘书，穿梭于许多名人之间。先祖母告诉我赵朴老与我家交往很深，经常为先祖父办点事，跑跑腿……他的第一任夫人汪棣华，也是居士，都住在静安寺后面的觉园。先祖父对佛学很有研究，一度担任过上海佛教协会会长，想必与朴老是相识的。先祖母与朴老夫人则成了闺蜜。人称汪棣华为“汪小姐”，她会相面算命，也以这为职业，很有点名气。有一次她见到我们一个熟人，对他说：“你今天要大难临头了！”那人大吃一惊，赶快坐火车回老家，结果他一下火车就被捕了。因为他在老家当过警察局长。有一年我寒假回苏州家中过年，汪小姐来访贺年，先祖母牵了我的小手去会见汪小姐，她看了我一眼，对我祖母说：“老太太得罪了，这小孙儿命相不好！”先祖母说：“但说无妨！”于是她说：“这孩子命中注定，四十岁之前要受苦，所求不应！他要过了四十才会有好运！”这一切我记忆犹新，而且都被她说对了。

赵朴初人皆尊称为“赵朴老”，与其说他是书法家、社会活动家、慈善家、佛学家……不如说是个政治家，他最娴熟的恐怕是政治。1949 年前他参与创办“民主促进会”，成为中国八个“民主党派之一”，他带了有功之身加入了新政权；1949 年后周旋于政治运动与政治领袖之间，最终平安而退，实属罕见。他创办中国佛教协会，游走于“出世”与“入世”之间，观天识象，实在是有大智慧。他的长相，也有仙气，似笑非笑，眼开眼闭，似听非听，神秘莫测，如同一尊罗汉。

因为我们两家为世交，他视我为后辈，在他北京寓所，他亲教我怎么膜拜，跟我讲解佛经，说只要熟读《金刚经》足矣。我也少不了向他求墨宝，包括为上海华山医院题院名。他后来的夫人陈邦织女士也从来不加干涉，不像到其他有名望的人家去，他们的太太都像防贼一样防外面人来“抢劫”。朴老夫人在上世纪三四十年代就与朴老一起共事了，但她竟是中共地下党成员，真不可思议！

有一次我到上海延安西路镇宁路口的佛教会馆去看朴老，那天他没有戴助听器，与我娓娓长谈。我惊讶地问：“能听清楚吗？”他说：“听得清，听得清。我戴助听器，可以装聋作哑，把一切不想听的，当作听不见而已！”真是大智慧！无怪他能创作出《宽心谣》，全文如下：

日出东海落西山，愁也一天，喜也一天。
遇事不钻牛角尖，人也舒坦，心也舒坦。
每月领取养老钱，多也喜欢，少也喜欢。
少荤多素日三餐，粗也香甜，细也香甜。
新旧衣服不挑拣，好也御寒，赖也御寒。
常与知己聊聊天，古也谈谈，今也谈谈。
内孙外孙同样看，儿也心欢，女也心欢。
全家老少互慰勉，贫也相安，富也相安。

早晚操劳勤锻炼，忙也乐观，闲也乐观。

心宽体健养天年，不是神仙，胜似神仙！

写得多透彻，多辩证，有出世之想，有入世之念，进一步与退一步，均天阔地宽。真如星云法师所言，佛教就是人教！朴老亲撰的《佛教常识答问》也是讲了这些朴素的道理。他勉励我的也是首先要我入世，要有所作为。他在我的纪念册中题写了：

善继先人之志业，大弘家学于来今

一九八九年六月题赠

念驰同志　　赵朴初（印章）

也是勉励人首先要有所作为。但人世难以事事如意，如果不成功，“大也舒坦，小也舒坦”。

五

既然说到了书法，还有一个人是不可或缺的，那就是启功先生，人称他是中国书坛四老之一。自“文革”之后，他的字风靡全国上下，几乎成了中国的最标准的字体，报纸杂志的文章标题，也常常冠以“启功体”。

我 1994 年去北京参加“吴顾仕百年纪念活动”，住在北师大，这活动似乎也是在北师大举办的。我第一次与启功先生见面，就是在这次会议上。后来也到他在小红楼的寓所拜访过他几次。他是一个极客气和礼数很周到的人，家门口虽挂着“拒绝探望”告示，但他还是一再请我们多坐一会儿。他家中没有多少古董字画，最多的是绒毛玩具，当然还有几个玩具熊猫。他自称是国宝——熊猫而已。这是他标准风格——自嘲，嘲弄自己，让别人啼笑皆非。我只向启公求过一幅字，即我编的《章太炎先生学术论著手迹选》题签，他写的就是漂亮娟秀的“启体”。

启功先生是雍正皇帝的第九代孙，但到他出生时家道早已没落了。他早年丧父，经历坎坷，幸得恩师陈垣先生提携，从教中学到教大学，从事古代文献整理。他是著名鉴定家，一生见多识广，尤其通晓语言文字学，学问有根底，不是写字匠，而是真正的书法家，曾任西泠印社社长、中国书法家协会名誉主席、中央文史研究馆馆长，誉满天下。

他的字和赵朴初先生很相似，是一路的，但他比赵朴老更放得开。我在北京京西宾馆顶楼大餐厅看到过他的一幅巨作，斗大的字，写满整垛墙面，气派之大，令人叹为观止。他的字疏密相间，轻重相交，粗细有织，洒脱秀丽。他的字如放在九宫格中，不是把重心放在字中，而是放在四边，形成了独特的风格。他的绘画也与书法相似，从碑帖而来，善绘山水竹石，完全是文人画。

在启功先生辉煌晚年之前，他的早年乃至中年，曾经历贫寒与坎坷，造就了谦和、幽默、随和、自嘲的性格。以“坚”和“净”来形容他的一生，一点也不为过。“坚”乃坚强也，“净”乃清廉也。很多人模仿他的作品，他从不深究，没有整天与人打官司，他还说“他比我写得好”！他认为造赝品者，一定也有自己的苦衷。这种同情心，来自他苦寒的经历。他没有给自己搞个什么“纪念馆”，而将自己卖字所得设立了基金会，以提携后进。真是高风亮节，无人可比。

他竟给自己撰写了《墓志铭》：

中学生，副教授。博不精，专不通。
名虽扬，实不够。高不成，低不就。
瘫趋左，派曾右。面微圆，皮欠厚。
妻已亡，并无后。丧犹新，病照旧。
六十六，非不寿。八宝山，渐相凑。
计平生，谥曰陋。身与名，一齐臭。

这是多么豁达自谦的墓志铭，把这个世界看透了，反让自以为是的人自愧不如。但这一点不影响他的高风亮节。

俱往矣，这五位前辈均已作古，今天的年轻人也许根本不知道他们是谁，但我们国家的精神与文化，正是他们用他们的才智构成的。他们都把自己的一生，一个“我”字，书写得正正大大，对得起自己，也对得起养育他们的祖国。

写于 2019 年 5 月 19 日

历史激流中的一个台湾家庭*

——《忽如归》读后感

最近，上海三联书店出版了马来西亚著名华裔作家戴小华女士的新著《忽如归》。戴女士原籍河北沧州，1949 年随父母赴台，后她旅居马来西亚，成为该国作协主席。她穿梭于台、马与大陆之间，以纪实文学手法讲述了她家庭近七十年的变迁，尤其以她弟弟戴华光的政治冤案——七十年代震惊台湾的“戴华光案”为背景，讲述了一个又一个跌宕起伏的故事，颇有可读性。尤其对了解七十年来两岸关系的演变，很有补益，对年轻一代了解这一段苦难史尤为必要。

1987 年，处于“戒严”状态的两岸关系终于“解冻”了，结束了三十八年的隔绝，两岸开始有了交流与往来。在此之前，国共双方对峙，这种“汉贼不两立”的立场，不知坑害了多少无辜

* 发表于《中国评论》2017 年第 4 期。

人士，也造成了两岸巨大的隔阂与不了解。大陆同胞对台湾真实状况一无所知，台湾同胞对大陆状况也茫无所知。戴女士一家赴台后的经历与遭遇，她们所受的教育“被过滤”得“纯而又纯”，所以她的弟弟赴美求学后，看到了一个他不知道的世界，看到了一个真实的大陆，很多人为此都流下了眼泪，他们痛恨被欺骗。于是，她的弟弟回台后与赖明烈、刘国基等三五知己，组织“人民解放阵线”，“宣传和平统一，避免民族分裂”，痛斥“美国干涉台湾，阻碍统一”。他终于被捕，被判处无期徒刑。然而他并不屈服，两次踢破牢门，多次绝食，四次被关“黑牢”，被折磨得奄奄一息。但“戴案”却得到台湾社会的广泛关注，掀起了一波又一波反“党国体制”的抗议。在“绿岛”的监狱里，“统”“独”狱友，为他共同绝食。为了他重获自由，“统”“独”人士共同奋斗，奔波声援，展示了七十年代反“威权”的真实画面。戴华光其实真的没有受中共指示与派遣，而是出于自发的爱国情怀。正如戴小华女士所说，台湾当时真有许多像戴华光的义士，他们如同马来西亚著名的姆鲁山洞，里面居住着几百万只蝙蝠，每遇傍晚，它们都会成群飞出山洞去觅食，而洞口却有许多老鹰正等待着它们，于是总有一些勇敢的蝙蝠组成“敢死队”率先冲出去让老鹰捕食，它们数次冲返，牺牲无数，然后才让大队蝙蝠再飞出洞穴。这种为求社会更大正义的牺牲精神，是今天的年轻人，尤其是追求“小确幸”的一代，无论如何无法理解的。

我有幸从 1988 年始就从事两岸关系工作，近三十年来认识岛内同胞无数，所以《忽如归》中所述的人和事，我丝毫不陌生，如同亲涉。许多涉事的人，首先进入眼帘的尤清、康宁祥、林正杰、朱高正等，其后出场的如陈映真、王晓波、黄春明、宋东文、陈鼓应、王津平、李胜雄、殷海光、王拓、陈满、余政宪、翁金珠、颜锦福、许荣淑……耳熟能详，有些还多次有过交往，所以读来亲切可近，恍若昨日历历在目。他们经历的痛苦，犹同亲受，尤有共鸣。台湾这一段历史十分重要，要认识今日之台湾，必须了解昨日之台湾，但这恰恰是今日之盲点。台湾青年一代出生在“四小龙”最辉煌时期，他们看到的也许是一路衰落，不知道什么是“白色恐怖”，不知道什么是“威权时代”，成为不满的一代。而大陆青年人更不知我们的昨天，也不了解两岸的演变，有人甚至会问：“文革是什么？”“谁是刘少奇？”“谁是李登辉？”

戴小华通过她的文笔，展现了六七十年代的“白色恐怖”，在这种专制特务统治下，蒙受冤屈的受害者达14万之众，有“二·二八”案、澎湖“七·一三”案、孙立人案、郭廷亮案、柏杨案、雷震案、李敖案……乃至美丽岛案。当时的台湾爱国有罪，没有民主、没有言论自由，最终导致国民党专制统治宣告结束。台湾在结束“威权统治”后，作出了平反历史冤案的决议，拿出了195亿台币作为赔偿。但也有许多受害者，拒绝赔偿，因为这不是金钱可以抚平伤口的，台湾民众要的是“民主化与本土化”。

如果我们不了解这段历史，就不能了解今日台湾的政治生态与政治诉求，追求统一也就不知从何着手。

《忽如归》的故事，是台湾六七十年代反“党国体制”的许许多多“民运”中的一个故事，当时无论体制内的“民运”，如《自由中国》和《大学》，或体制外的“街头运动”，都蓬蓬勃勃。当时的“统派”与“独派”还不是主要矛盾，因此不乏“统派”与“独派”相互支持的故事。直到“保钓运动”后，反“党国体制”的人才分别形成真正的“统派”与“独派”，还有急流勇退的“逍遥派”。《忽如归》故事中的戴华光，就是从激烈的“统派”，坐了十一年大牢后，隐退成“逍遥派”，在大陆开了个面包店，销声匿迹了。这样的事例绝不是个别的，我亲身认识过多个这样的人，在今人看来是有点不可思议。

这个故事是台湾“民主化与本土化”的前奏。这半个世纪来，台湾一直在追求政治转型与社会转型，也就是今天所谓的“转型正义”。这场“转型”是台湾社会与政治发展的“内动力”，也就是“内因”的变化。而这个变化，又贯穿了台湾整个“民主化与本土化”。台湾在不断地转型，不断地变化，也带动了“民主化与本土化”的深化，这种变化还在继续中。我们看台湾问题，以及我们制订统一方案，必须抓住这核心问题。

读毕《忽如归》，我掩卷沉思。这部纪实文学，不乏许多有趣情节，但我总觉得有点遗憾。戴女士如果可以把她一家的经历放到一个更大的时空之下，而绝不仅仅是表述一个“外省人”的悲哀，写一写更多两岸中国人的所思所想，写写我们各种悲哀，也许会引起更多共鸣。

戴女士的父母已归葬大陆，安眠在家乡温沃的土地之中，她的弟妹大多也回到了大陆。一个“外省人”的故事是不是结束了呢？我想，她的家庭故事远远没有结束，与她有同样遭遇的人，还生活在两岸，故事还在延续。台湾的“转型正义”，已变成了“不正义的转型”，成了追杀“外省人”——从孙中山、蒋介石等，到清算“国民党党产”“救国会”“红十字会”“妇女会”“中广”……变成一场新的残酷清算，撕裂了台湾社会与族群，将“追求真相”与“追求和解”，变成了民进党的“政治提款机”，追杀一切政敌，正在制造新的分裂与仇恨。向来追求统一的台湾，变成“台湾从来不是中国一部分”“台湾人的祖先是高山人”“从来没有过‘九二共识’”“‘二·二八’是台湾民众追求独立而遇到大陆人的残杀”……许多台湾人及政客正生活在自己制造的谎言与梦呓之中。这是很令人忧虑的。

而祖国大陆对台湾的了解，真可谓不够，尤其怎么看不同制度下台湾的“民主化与本土化”。这“两化”，绝不是台湾祸根，而是我们必须正视与包容的。虽然“民主化”成了“民主暴力”，“本土化”成了“追杀外省人”的借口，但它也给台湾社会带来了喜悦。今天一些台湾民众抗拒统一，不再是怕统一会降低他们的生活水平，而是怕好不容易得来的民主与自由得而复失。面对这样状况，我们是不是应该多一点包容，少一点误解。只有一个能包容一切的“中国梦”，我们才会真正实现“中国梦”。

写于2017年3月1日

《终将平凡》序

海宁是我老友，相识相知三四十年了。他精明、能干、热情、诚恳，当过领导秘书、企业高管，下过海，经过商……有一天他说："六十岁了，什么都不干了，彻底退休了。"说不干就不干了，开始享受"老人岁月"了。

老、老年、老年生活，不是人与生俱懂的本能，是必须重新学习、重新认识的最成熟而宝贵的岁月。人必须重燃生活的火花，让人生有一个完满的句号，使生命更加灿烂，而不是消极地与疾病衰弱为伴，成为一个被人讨厌的噜苏的老人。

海宁对步入老龄生活的选择，让我大吃一惊。他说，我要写作了，不管别人怎么看我，我要把对生活的感悟、经历、欢乐、苦难……一桩桩写出来，不求发表，不为稿酬，每年自费出一本文集，孤芳自赏也好，以文会友也好。边写边学，居然写了洋洋洒洒几百篇，出了两本文集，硕果累累，不能不让我刮目相看。昨天又送来了第三本文集样稿，整整一百篇，请我撰前言，让我不知所措。

这里姑且先不论文章优劣，且论他对退休后生活的态度，就让我肃然起敬。这触及了一个很大的命题，即什么是生、什么是老、什么是亡？怎么认识这规律，让人生活得更精彩更有意义？

无论是叔本华还是尼采，无论是西方宗教还是东方宗教，都说生即苦，人生一世即是吃苦一生，从诞生、读书、就业、成家、育子、事业、仕途、疾病……如同翻山越岭，翻了一山又一山，最后爬不动了，精力耗尽，肉体衰弱，于是只求安息。安息是人生的归宿。海宁第三本书悟出了一个道理——“回归平凡”！是啊，我们终究要老去，终究要回归平凡。

人生未必是无尽苦难，譬如朝露，于是人们无奈呼唤“及时行乐，吃喝二字”而已。人生完全可以灿烂，尤其六十以后的人生，卸装后的岁月，少了几分压力，多了几分从容，是秋收与冬藏的季节。成熟的喜悦，丰富的感悟，让自己如获新生。莫问明天如何，岁月还有几何，过好今天，快乐今天，做自己最想做的事，就是美满人生。燃烧人生最后火焰，照亮宇宙，使自己有尊严地来，有尊严地走。安乎，值乎？

海宁的文章都书写在微信中，拥有一批读者，其中不乏力作，可惜我实在没空每篇都读。他第一本文集取名《无事斋笔潭》，多少有点无事呻吟；第二本《笑拾遗簪》，多少也有点笑谈文风，我不十分赞同。如今他进入了《终将平凡》的境界，达到了一个新境界，我为他高兴。他这样的投入，这样的情趣，不媚俗，不随风，卓然独行，必有斩获。就如不肯卖画的画家作品，也许会流传。

我与海宁都步入了老龄，怎么度过人生最后岁月，是一个必须正视的问题。我们不是追求流芳，也不是为了永生，更不是追求虚名，而是为圆梦，圆往昔尚未完成的梦想，把一个我字，写得正正大大，做到正大光明！

草撰数语，与海宁共勉，为之序。

2018 年 7 月 23 日

此风不可长也

近日连读《文汇报》“抵制泛娱乐化思考”——《谁在制造歪解经典的狂欢》，指出“历史被戏说，崇高被解构，经典被歪曲，新闻被笑谈”，似有一切可以娱乐化的倾向，应该抵制。这种将严肃的历史、经典、人物娱乐化，恶搞自己文化与传统，让人们的爱国心、是非观都被损害，让八卦充满生活，使执政党不能代表先进文化，其后果是不堪设想的。

最近我读到南方某一知名刊物，也登了一篇笑谈章太炎的文章，把他描写成既疯又狂、既癫又丑的一个历史怪人，满足了低下文化对反传统人物的庸俗偏见，认为凡敢反传统的人都是疯子痴子，章太炎就是这样的典型代表，于是乐此不疲大肆渲染。

这篇“大作”从章太炎“征婚启事”说起，说章太炎从小有“羊癫疯”(即“癫痫”)，从小即疯，没人愿嫁给他，所以娶了母亲丫环为妻。既是疯人，必有大男子主义，对老婆很轻蔑。既是“痴子”，生活必不会打理，邋遢不堪，衣衫不洁，须发蓬乱，浑身发臭，疯头疯脑，不谙世事，出门不识归途，购物不懂货币。既然行为怪诞，爱吃腐物，给他吃些臭豆腐之类，便可让他写上百幅书件，智商之低下，令人发噱。半夜起来读书，赤身裸体站到天明也浑然不知。辛亥革命胜利了，他公然登报征婚，列出数条莫名其妙标准，如不是湖南女子不娶。又说他的一个外甥犯了法，去求大流氓杜月笙帮忙，所以为他写了一篇颂文云云。甚至最近公映的《楼外楼》电视剧，写他在楼外楼饭店碰到蒋介石，蒋问他过得怎么样，他竟说“在混混日子”，蒋便将手杖送了给他，意在要他“权国权杖”，章太炎居然乐不可支地拄着拐杖走了……

在有知识懂历史的人眼里，章太炎是“中华英杰”，是反抗黑暗的先驱，是中国近代革命的代表，是不屈的象征。他是一座大山，代表了中国学术文化的尖端，是中国资产阶级文化与政治的发言人，是我们民族的瑰宝。但在无聊文人眼里，他是一个傻瓜、疯子，一个不可思议的怪人。这完全是两种情怀，也代表了两种文化：一个要树立自己的民族信仰与核心价值，一个要的是娱乐化无聊化的八卦文化与情趣。

那么，章太炎是不是如上文所述的那般痴与怪呢？可以说，是不存在的。大抵一个开一代新风的人，在旧一代人的眼里，总是怪怪的，是不正常的。至于“征婚启事”之事，是根本没有的事，大凡正宗一点研究章太炎的学者，无不否认此事，但道听途说者，乐此不疲，他们大概认为蔡元培曾登过征婚启事，章太炎也不免此举。关于为杜月笙撰《杜氏祠堂记》，这里姑且不论杜月笙为人，此事完全是应他盟兄章士钊之请而为，完全不存在为外甥官司而托请，他也没这外甥，真是莫名其妙。

章太炎在与汤国梨成婚前，确娶母亲丫环王氏为妾，但他们很恩爱，生了三个女儿，两次一起流亡台湾与日本，相濡以沫，从没有看不起王氏之说。但作者据一位老人回忆汤国梨的一句话为据，断然下此结论，没有任何佐证，实在不负责任。章太炎治学天下第一，常常夜起钻研学问，忘记了时间，浑然不知是有的，至于赤身裸体，则是竭尽丑化之能事了。至于他的脏，只是流亡日本期间困苦不堪，“三年衣被不浣”，没钱吃饭和买衣而已。综观他一生留下的照片，无不整整洁洁，相貌端庄，毫无疯样。他的“羊癫疯”，只是在他十七岁时发过一次而已。至于楼外楼与蒋介石相遇授杖一说，更是子虚乌有，无据可查。而且稍知历史的人，就知道他与蒋介石恩怨有多深。孙中山去世后，大家公推章太炎为孙中山写墓志铭，唯蒋介石不同意，致使中山陵中墓志铭迄今空缺，可见怨恨有多深。

章太炎作为开一代之风的先进中国人，被描写得猥琐可笑。其实他学贯中西，在他三十岁左右，基本熟读中国古籍，在他四十岁左右，就熟读当时可以接触到的西方经典。他三次流亡日本期间，如饥似渴地阅读了西方哲学与社会科学名著。他在1900年完成第一部名著《訄书》，内已有好几处引用了西方最新的学术成果。1902年底，他删改《訄书》，增添了西方经典文章达三十几处，明显吸收了日本明治思潮的文化成果。吸收了姊崎正治、远藤隆吉、桑木严翼、白河次郎、户水宽人、有贺长雄、武岛又次、涩江保等一大批先进日本人的成果，他引用的书籍有《宗教学概论》《上世印度宗教史》《希腊罗马文学史》《社会学》《修辞学》《族制进化论》《宗教进化论》《支那哲学史》《支那文明史》等几十种。还有中江兆民翻译的《道德学大原论》，系叔本华著，另外还有尼采的著作等。可见“国学大师”章太炎，不是只识古不知今，他决不是泥古不化的老古董。他治小学、经学、诸子学、佛学、哲学、文学、史学、医学，均取得了不凡成果，均站在了这些领域的巅峰，造就了一大批学术弟子，成为了中国学术文化的中流砥柱。难道这些弟子都是由一个“疯子痴子傻子”培养出来的吗？这样恶搞历史丑化历史伟人到底意欲何为？此恶风不可滋长也！

写于 2018 年 9 月 16 日

我与绘画*

有人问我祖父，你的学问什么是第一？他毫不迟疑回答："医学第一，小学第二。"人们均惊讶，怎么会医学第一，小学才第二呢？我认为祖父说的是真正的心里话。治学研经，是他的职业，医学才是他第一爱好，其贡献绝不在国学之下。

如果有人问我："你一生从事历史研究与两岸关系，成就哪个更大些？"我会回答他："绘画为大，治学为次！"治历史与两岸关系系职业，绘画才是我内心所爱，一生情系于画。

我一生最喜欢的是绘画，从小爱涂鸦。走上工作岗位后，对流入小学教书心有不甘，但大学与更好的岗位，对我这样出身的人也都关闭了大门，仅剩下绘画是无罪的，可以自由选择。于是我偷偷学画，一发而不可收。

我一生知识都是靠自学的，无论文、史、哲，还是绘画，都是靠自学。我的绘画——无论中画西画，都是从临摹着手，连素

* 本文系新作。

描也是如此，很少直接画石膏像，走了许多弯路。自学就是这样不讲章法，不懂用笔，不懂先后，完全靠喜爱的力量支撑。不停地绘画，生活是十分充实的，毫无没有浪费光阴与虚度岁月的自责。

我二十五岁正逢“文化大革命”，因出身不好，无资格参加，但为了显得积极，我到处帮写大幅标语，画大幅宣传画，出大批判专栏……也忙得不亦乐乎。好在当时纸、颜料、笔墨无偿供应，让我实实在在得到了锻炼。油画也是这时候开始学习的。颜料虽是免费的，但画架、画箱、画的纸板等东西，都是我自制的。我背了自制画箱，穿着“五彩”的工作服，骑着破旧的自行车，到处写生，逍遥了好多岁月，回忆起来是少有的开心，也是少有的自由。我选择最好的景色，边欣赏，边绘画，没有“使命”，没有“压力”，没有“监督”，心情是少有的舒畅。迄今念念不忘。

当时读书是有罪的，除了读“毛选”；种花也是有罪的，是小资产情调；认真工作也是有罪的，是“白专”有“野心”……而我当时最大追求是一杯好茶，一本好书，一瓶好花，一个好环境，一只好沙发，供自己画画研读，仅此而已。但现实生活一点也得不到，于是我寄情绘画，画风景，画花卉、画美好的静物……

绘画的作品是有生命的，除了明暗、动静，还有就是表达生命。作品是要活的，不是死的，这也趣味无穷。这种乐趣，似乎只有在绘画中才能取得。所以我绘画时，常常忘情忘时。有一次去常熟绘兴福寺，为等夕阳之彩，错过了最后一班公交车，只好一个人背了画箱踩着公路，慢慢地走回常熟。这样的情景成了我美好的回忆。

我曾经想当个画家，但遭到了伯父张大壮先生严厉的批评。大壮先生是我祖父亲外甥，著名画家，上海国画院画师。他说“文革”这一页一定是会翻过去的，“读书无用”“知识无用”一定不会永久，你还是好好用功，准备应对将来，家中也只有你一个人与家学有点联系，不可玩物丧志，要看远点。即使你成为我这样的画家，一个月八十元工资，每月交四幅画，就此了生，谁把我们当个东西，你何必走我这条路呢？这些话让我清醒了。这个时代画家太不值钱了，大不如今天，画飙升到天价，钱取代了画家的人品。于是我没有在绘画的道路上走得更深更远，只是作为爱好，偶有佳作，也参加参加市级画展，就很开心了。

直到“文化大革命”结束，我去了社科院，于是完全与绘画告别了，开始去爬新的山，去爬一座座不得不去苦爬的山，直到今天。爬这些山的心情，远没有绘画愉悦，但我已无多余的精力去开画箱了，可是我的心仍钟爱着绘画。

二十年前，一些好友将我的绘画习作出了一本《章念驰画集》，保存了我大多数记忆。这些画远远达不到专业水平，但都是我亲生的孩子，曾陪伴过我的生命。我在画集“前言”中写道：“吾之一生，所最爱者乃吾画作也。吾治画最动情，治史最动义，治两岸关系最动心。”是矣，二十年过去了，我依然这么想，魂系绘画也。如果有来生，我一定去痛痛快快绘画，与画为伍。

写于 2019 年 3 月 1 日

钢笔写生　西安城墙

钢笔写生　嵊县县城

钢笔写生　福建畲族

静物　花

静物　花

静物　水果

诗词一组*

（一）少年的躁动

少年的我从没有机会读大学，又好写作，躁动之下，写了许多似诗非诗的文字，今收录数首，纪念我的少年。

山坡羊　*病房观梧桐*

梧叶簌落，西风追逐，道旁浓荫成光木。枝已秃，风中哭，向谁诉说炎暑毒，冬又叫我天南地北。冬，朔风酷，夏，烈日酷。

1972 年

菩萨蛮　*夜茫茫*

夜伴万籁伏地宿，玉界犹如扫寂如空。独有遥处星，有言却

* 我很喜欢诗歌，由于没有经历正规教育，自己胡乱写过一些“诗词”，刊于此，以感记。

不动。　　天际妙难料，须知百岁少。君莫问不堪想，人生如茫茫梦。

1971 年

一剪梅　秋游洞庭紫金庵

天下无双紫金庵，半座仙堂凡入尘寰。何须借金桂玉兰，古之风韵，足令肠断。　　洞庭缘凋风正寒，淡妆浓抹，湖山更阔，欲与张郎同斟卮，谁为物主，青史相判。

1974 年

挽　歌　吊岳母

蒿里又添谁家坟，荒草淹没一老人，
鬼伯何必相催促，造化俺忽古今恨。
人逝魂魄无贤笨，徒劳涟涟不相闻，
从来思爱凭丹心，岂以天上人间分。

1975 年

贺生日　为锡瑛生日而作

流不尽惊涛骇浪，淘不尽真正英豪，
历代巾帼太古老，数风流且看今朝。
青春易过莫等闲，心襟宽坦怀天下，
莫学乌鸦绕树楼，要学雄鹰盘桓苍穹。

1976 年

闻爆竹

爆竹声中四害除，东风送暖入心窝，
千家万户弹冠庆，总把殃祸换甘福。

1976年

三月和阳光

三月
将严寒劫掠去的一切
带回给人间，
满目疮痍的大地
换上了新衣，
毫无羞涩
袒露着胸膛
舒服地躺在
宇宙的怀抱。
太阳沐浴着她
明媚底阳光下，
娇嫩初开的花儿
分外鲜妍，
春风吹醒了枯枝睡草
唤醒穴中的虫鸟，
大地生气盎然
世界的趣味

无穷无尽。

啊!

不要让忧伤触痛自己的心灵

要知道

生活的乐观

就是生活的智慧

让心儿像

三月一样豪放美丽

阳光和三月

使我们更加年轻而坚定!

只有那不见日光

缩在幽暗发霉

角落和洞穴里的

腐恶

三月和阳光

使它们更妒忌

更愚昧

更疯狂

更绝望!!!

1962 年

生活进行曲

Jia Jia!! 让我们赶着生命的快马

高呼：快跑、快跑……
我们从来蔑视懒散与休闲，
每天走向一个新的目标！
我们勤劳、流汗
汗水又浇下我们私有的烦恼
亲爱的友人
你可知道什么叫生活和幸福
那就是
当你的精力、智慧、爱情
统统融入到崇高而伟大事业的劳动中间。

1964 年

无　题

你，盛开在我心田里，
那样纯洁而美丽，
宛如清澈的山溪，
温柔而清澈无比，
洗涤着我心头的污泥，
浇下了我烦恼与忧喜。
你，闪烁着生活的哲理，
触痛了我累累伤痕的心脾，
唤起我一遍遍去寻思生活的含义。
我永远铭记你，

最困难时你给了我慰励，
我会把勉励收藏在心窝里，
而让有些人拼命去追求虚荣与名利，
我永远会怀念你，
决不庸碌无为活得低俗可鄙，
使生活失去它的光泽与意义，
当我低下头的日子里就会想起你，
再把那生活的胸脯挺起！
你，就如一颗天际星星，
我收藏你的清辉，
而把黄金统统留给财迷！
我们的情谊神圣高洁，
就如星星一样贴近而遥远，
默默无言而忠贞无语，
请永远不要向我问起哪件没有说起的事，
我已小心庄重地把它埋葬在心里，
并祈祷它永远安宁、顺意。
你，永远盛开在我的心田里！

1963 年

朴素的真理　不朽的曲调

——纪念欧仁·鲍狄埃、比尔·狄盖特

不管走到大地的哪个地方

凭着国际歌曲调到处可以找到同志与战壕
不管民族、国籍、语言的不同
无产者凭着熟悉曲调到处可以把弟兄们召唤在一道
“这是最后的斗争” 去砸毁铁链与镣铐
奴隶们的怒吼划破夜空赢得了黎明与拂晓
“要把全世界交还到劳动者手里”
神圣的宣告和伟大的号召、科学的预报
从十月革命的炮声到渡江南下的军号
历史的脚步与英豪身上都溶入了你的曲调
朴素的真理如不熄的火焰燃烧
不朽的诗歌唤起人类觉醒获得阳光普照
鲍狄埃，狄盖特
你给我们留下了朴素的真理和不朽的曲调

长夜阴霾笼照着拿破仑三世的黑夜
淫威暴刑没有使你屈从变得低头哈腰
窒息年代生途渺茫横敛着兽盗
缺乏阳光的日子里你歌颂过自由和灿烂的明朝
巴黎升起红旗掌握了工人第一个政权
繁忙使你欢天喜地日夜奔忙不辞辛劳
黑云翻滚　凡尔赛卷土反咬
血腥屠刀丝毫没使你街垒斗士动摇
天空布满工贼的鬼脸——尾巴——奸笑

为捍卫真理戳穿阴谋勾当你的诗歌如匕首尖刀
营垒中出现了犹太与暗礁、险涛
逆流让你更坚信“公社原则”将会将新世界缔造
鲍狄埃，狄盖特
你给我们留下了朴素的真理与不朽的曲调

没有一支歌传颂得这般深远广
你却不因此伸手谋求个人的特殊与荣耀
却把荣耀归于阶级与政党，自己却默默辛劳
你的曲调和你的职业同样被人记牢
墓上刻着“革命诗歌”而人们记忆里
留下的是一盏盏的街灯和花布的纹条
在你布满爱憎的脸上
憎恨寄生虫，同样憎恨沽名钓誉和财迷心窍
你用辉煌乐意赋予无产阶级巨大的财宝
自己却坚守清贫而从不逍遥
无代价把自己为真理而奉上
这才是真正的真理和朴素战士的本貌
鲍狄埃，狄盖特
你给我们留下了朴素的真理和不朽的曲调

诗人歌手你在坟茔里可曾听到
大地的步伐正朝着你的词曲在疾跑

千万百无产者正齐驱着你的词调
“这首歌比任何时候都更有活力”
雷霆般的歌声让列宁的故乡统治开始动摇
看，风云变幻惊雷激荡，鬼哭狼嚎
高亢的歌声里我们高擎红旗行进在大道上
凭任骗子将真理如何滥造和颠倒
你始终在统一着我们行进的步调
每当我感到疲乏烦恼，步子变得晃晃摇摇
你的歌声将信心和勇气向我胸中注入与熏陶
鲍狄埃，狄盖特
你给我们留下了朴素的真理和不朽的曲调

1973 年

（二）近作三首

拼搏、泪水、荣耀

——观奥运有感

你有没有为自己的人生树立一个目标——
去争夺第一的宏伟愿望，
你有没有为自己的目标奋力拼搏——
去付出无数辛劳和度过无数难熬时光，
去度过一个个青灯黄卷的晚上，
机械地做着一个单调的动作，

枯燥地重复着一个训练的科项，
去放弃清晨温暖的被床，
去舍弃夜间影视的观赏，
一次次突破和战胜自我的极限，
一次次忍受失败、烦躁和嘲笑，
要勇于在竞赛中找到自我的价值，
要敢于在这里出人头地为国争光，
你要没有丝毫吹嘘与流泪欲望，
你将吃尽千辛万苦去换取一时荣耀，
这是一条不归的华容道，
这是一个难以攀登的目标，
这种荣耀只颁发永不言输的英豪，
这种光荣只属于创造第一的舜尧，
你须将自己的汗水灌满人生的峡谷，
你才有机会把生命之船泛舟到对方，
你选择了这神圣而光荣目标，
你背起了这光荣而神圣使命，
要永不放弃——永不抛弃，
要一往无前地去把牙关紧咬，
哪怕已经无厌无望，
哪怕已经精疲力竭，
还是要忠实这目标并挺直胸腰，
像一个武士去拼搏这最后的荣耀，

这时你才有权利把荣耀的泪水，
去洒向你的祖国、亲人和每一个支持者！

2008 年 8 月 16 日

沙　滩

海浪无情地一次次卷走，
沙滩上各种痕埃，
企图抹去昨日的记载，
浪涛高唱着，
让仇恨与罪恶成为过去的记忆，
不必怀有计较的心态。
然而，满铁残忍的压榨，
日俄监狱无数个冤魂，
旅顺屠城的斑斑血泪，
落后腐败挨打的教训，
却一个又一个，
深深嵌在大连的每一个海滩，
激励着一代又一代，
用我们的骨肉去构成万里沙滩，
让妄图抹改历史的恶浪，
不得不低下它狂妄的脑袋！

一双凝视着你的双眼

夜幕已悄然而至，
广袤的城池中，
已经万家灯灿，
如同无数双眼，
眨着萤火般的光闪。
神秘的夜色中，
我知道有一对深情的双眼，
在紧紧地注视着我，
关注着我的平安与成败。
这是一双紧紧盯着你的双眼，
尽管我不知道它站在哪个窗台。
但我知道它凝视着我，
无时无刻不关心着我的好坏。
虽然我无法找到它的踪影，
但我深深知道它的存在。
在这繁星般的灯火中，
在这茫茫的人海里，
有这样一双明眸充满期待，
关注着我的平安与成败。
鞭策着我一往直前不应慢怠，
激励我去创造无愧的人生。
我知道它的存在，

就在这茫茫的火灯与人流中，
人与人最高贵的爱，
莫过于人在做天在看，
如星星般永恒和遥遥相对。

写于2009年暑夜

三、附录

油画写生　秋

章太炎：有学问的革命家*

——章念驰口述：《国是咨询》采访

章念驰是知名的台湾问题专家、上海东亚研究所所长。同时，他还有一个身份，其祖父是我国近代杰出的民主革命家、思想家、“辛亥三杰”之一的章太炎（另外二杰为孙中山、黄兴）。

章念驰一生都在做两件事：一是从事两岸关系研究，他提出的中国“新统一论述”成为一个学派。另一件事就是研究祖父章太炎，参与了《章太炎全集》的编撰。

在章念驰上海的寓所，笔者和上海市政府参事室的同志一进门，他和夫人就忙沏了两杯热茶，“先喝点水，这是苏州上好的碧螺春”。笔者拿起玻璃杯，杯子下面垫了一块用贝壳镶嵌成花朵式样的木质杯垫，十分精巧雅致。

客厅正中，悬挂着禅宗始祖达摩画像和祖父章太炎的墨迹。章念驰说，正是祖父的思想与达摩的面壁精神影响了他的一生。

---

* 国务院参事室采访，原发表于《国是咨询》2016 年第 6 期。

达摩面壁九年，不为名利所动，不为世俗所诱，不为权势所畏，终成正果。一个知识分子就应该有这种面壁精神。

“祖父终年奔波，忘情事业，我们这样的家庭是难有寻常人家的天伦之乐的：但祖父在家中的地位却是至高无上的，他的革命经历与道德文章，永远是家中无形的‘家教’。我们生活在一个他无处不在的家庭里面。家里每间房里都是他的藏书。”

章念驰拿出今年3月在台湾出版的《我所知道的祖父章太炎》一书。上海人民出版社第一时间买下了版权。今年6月会在上海出简体版，并将于6月14日章太炎逝世八十周年纪念日，举行新书发布会。

书的封底有一段话，章念驰认为对祖父的评价比较准确：“他作为革命家，绝不仅仅是一个反清斗士，而是近代中国追求民主共和法治的先驱；他作为学问家，并不仅仅是一个国学大师，而是致力中国文化的继承与发展，是一个敢于创新的先驱；作为一个杰出的爱国主义者，他的操守，今天站在道德的高地没有过时，落伍的也许是我们这一代人的思想与学养。”

三十多年潜心研究祖父

“文化大革命”一结束，很快就恢复了上海社科院。国务院恢复了古籍整理出版规划领导小组，决定先出十个历史人物的全集，其中就包括我祖父的全集。

那时，我没有了“家庭出身成分”等包袱，可以自己选择人生了。有好几个工作在欢迎我去从事，包括去社科院历史研究所从事祖父全集的整理出版。我母亲认为，家里没有一个人从事祖父学说研究，我应该去弥补这缺憾，所以鼓励我去从事这项工作。

我们这个家族的人非常少。章太炎共有五个子女，第二代如今已先后离世，第三代我家四个兄弟姐妹，也只有一人生了男孩。我大侄子至今未婚，所以再下一代可能就更远了。当时如果我不做这项工作，家史就缺失了。

第二年我就进入上海社科院历史研究所工作，我的主要工作就是编我祖父全集。全集是分工制的，我负责编医学论文集和演讲集。

我完全不知道编辑整理祖父学说的艰难，带了一股“被解放”的热情投入到这项工作中去。研究是按天计算的，一天一天地追寻祖父的人生历程。这工作很苦的，都是很基础的研究，整天就是做卡片，积累各种资料，要读所有能读到的关于章太炎的报纸、杂志、文献资料等。

祖父三十岁以后就很有名了，报纸上几乎每天都有他的消息，然后我根据这些消息，再去研究相关的历史事件和人物关系。章太炎经历了戊戌变法、辛亥革命、二次革命、护法运动……直到抗日战争，几乎参与了所有重大政治活动。我将他的医学文章和演讲稿一篇篇抄下来点校。他的学问深奥，文字晦涩，研究他的人既要通近代史，还要通学术史，要花双倍力气。几十年来，社科院已编了上百人的全集，唯独章太炎全集编不出来，因为实在是太难了。这是一个史学界、文学界的大山工程，最难啃的工程。众所周知，章太炎的东西不好懂，文字看不懂，内容看不懂，很多不懂。

章太炎医学论文集，从收集资料到整理，我花了八年时间才出版。演讲集（上下集）大概花了十几年都不止。共辑得演说稿147篇，并勉力完成了点校。

历史科学应“断感情，汰华词”，而这是后裔难以做到的。作为章太炎的后代，要掌握分寸，我对祖父是很严肃地研究。对一系列敏感问题，我是不涉及的。祖父的功过应让世人评说。

我不喜欢以他的后裔自居，倒不是因为这个“成分”让我吃了这么多苦头，而是认为不能生活在前人余荫之下而沾沾自喜，这是最没出息的。一个人应该有自己的业绩，何况大树之下很难长出更大的大树。虽然研究祖父三十多年，可我从没系统地论述过我的祖父，对他的功过也从来没有去加以评述，甚至认为世上最不需要纪念的就是章太炎，因为他的价值是不需要吹捧的。

然而现在我已不这么认为了。作为一个历史人物章太炎已经被边缘化了，他作为一个时代的代言人已经被人遗忘了。人们更喜欢看“动漫”而不是看历史经典了，何况章太炎的文章连鲁迅都说“读不懂，点不断”，一般人更不知也不懂章太炎了。电视里或小说中的章太炎只是一个衣着邋遢的疯子而已，一个不懂货币不识归途爱吃臭冬瓜的过时的迂腐的落伍的怪人。

在我有生之年，写一个真实的祖父，比去写两岸关系，孰轻孰重呢？祖母生前告诉我，人总有先死后死，后死的人应为先死的人做些他来不及做完的事，这就叫“后死之责”。我始终记住了这句话，并请篆刻大家高式熊先生帮刻了一枚“后死之责”印章，给我每部新著都盖上此章，加以自勉。

去年我开始写一个我所知道的祖父。我有我知道的章太炎，别人有别人知道的，大家把大家知道的都写下来，集中起来，就复活了这段历史，复活了一个人。

写完这本书，我忍不住流下了泪水，因为这本书里记载了太多我们民族的苦难史。章太炎这一代，我们父母乃至我们自己这一代，哪里不充满着苦难啊！

国学大师章太炎留下了什么

很多人知道章太炎是国学大师。什么是国学大师？什么是真正的国学，什么是中国传统文化，什么构筑成中国文化的脊梁？很多人不清楚。我有必要讲一下，章太炎作为国学大师给我们留下了什么？这不是替祖父吹捧，对于我这样一个75岁的人，荣辱已是多余的了。

我的祖父一生涉及八个领域。小学、经学、诸子学、哲学、文学、史学、佛学、医学。他不是简单地注经释经，他在这八个领域，每个领域都留下一笔巨大的文化财富。他的核心是创新，而不是守旧。他最大的特点，要疑古，而不是信古。

五四运动堪称中国的文艺复兴。而五四运动的先锋，没有一个不是章太炎的学生，他们继承的是创新。而这样的创新精神，在今天依然有继承和发扬的必要。我们谈科技创新，没有文化创新的基因，是不可能的。

祖父成就最大的要算“小学”。今人已不知什么叫“小学”了。祖父将其称作“语言文字学”。只有懂得每个字的音、形、义，才能读懂群经。他研读二徐《说文》70余遍，对9000多字的音、形、义了然于胸。他深化了古人“因声求义”的传统方法，开创了在音义系统基础上的汉语词源学。

他把语言文字学作为国粹，又将国粹弘扬为国学，以中华文化增进爱国信念，培养国民道德，从精神层面救国图强，以创建新型民族文化。

早年在日本，他曾多次跟学生详讲了《说文解字》，是一字一句地讲，听过他讲《说文》的弟子有100多人。当时是祖父精力最充沛斗志最昂扬的时期，一次讲课往往三四个小时，滔滔不绝。而最著名的要算在《民报》社为钱玄同、朱逷先、许寿裳、龚未生、朱蓬仙、钱钧夫、鲁迅、周作人八人所做的讲学，仅给八弟子讲《说文》就有19次之多。这对他们一生影响极为深远，不但从此知道小学之重要，而且在日后的写作生涯中发挥巨大的作用。

1931年后，日本加紧了侵华步伐，东北沦陷，华北告急，他愤而大书“吴其为沼乎”！他书写了四大册小篆《千字文》。小篆是秦以来法定的文字，但经数千年演变，已变得很不正宗了，所以他要加以厘正，让孩子们不忘历史，不忘国家的文字。

1986年，在他去世五十周年之际，我将这四册小篆交上海书画出版社出版。周谷城先生看到书后十分亢奋，一连数天一声不吭，查看资料。谷老后来对我说："我们平时写的篆书，与太炎先生有十七八处不同，这究竟是我们错了，还是太炎先生错了。经我一处处查究，最后发觉太炎先生写的全是对的，他是真正的小学大师啊！"

今天，社会忽然刮起了"尊孔"学习"国学"的风潮，仿佛"国学"能让我们文化主体意识复活，能抗衡越来越强烈的西风侵蚀，于是各种"国学"教育粉墨登场。以为穿穿古服，念念弟子规，就可以变得"文明"了，就懂得"经学"了，这真要被章太炎笑死了，这真不知悖到哪里了。

有学问的革命家

鲁迅曾评价章太炎是"一个有学问的革命家"。但国民党千方百计把祖父定位为"一代鸿儒"，尽力把他从革命史中挤出去，以维护国民党的正统地位。鲁迅对此愤而写了一系列文章加以驳斥。他一生中最后的两篇文章还在为章太炎先生辩诬。他说："先生的业绩，留在革命史上的，实在比学术史上还要大。"

我认为祖父并不是为学术而学术，他心中最大的事就是如何救国，他最关心的是政治。清末民初的中国，内忧外患，清政府已成为妨碍时代进步的最大障碍，非革命不可。所以祖父选择的是革命，他的方式是以学术为武器。

祖父是古文经学家，他的许多著述看来是对今文经学的驳难，似乎是学术之争，其实不然。清末民初的政治斗争，几乎是通过学术来表达的。当时康有为、梁启超所代表的改革派与保皇派，提出“三世”学说，作《新学伪经考》，这是康、梁对传统儒学的一次全面颠覆，他们重构了孔子为“万世师表”，是“大地教主”，为他们的维新运动提供学术依据。祖父则站在古文经学立场，以较实事求是的态度，写了《儒术真论》《视天论》《菌说》《今古文辨义》《订孔》等一系列文章加以批驳。他大量运用西方近代自然科学研究最新学说，驳斥了康有为将孔子神圣化的理论。这对当时中国——二千年形成的封建社会——独尊孔子的思维模式，无疑是大胆的造反。他批判清代公羊学特别是康有为造成的最大危害是让人为功名利禄而营生，这是对传统思维的大反动，从而给人给社会带来了思想大解放，为辛亥革命，为推翻两千年帝制奠定了思想基础。不仅影响当时的一代，甚至影响了五四运动，成为思想解放的先驱。

“文化大革命”结束后，中央拨乱反正，中宣部公布过一个中国历史上作出杰出贡献的人物名单，叫“中华英杰”，共83人，这是一个正式的文件，是对“文革”颠倒的历史作了一个澄清。83人中，旧民主革命时期列入了3个人，孙中山、章太炎、鲁迅。这是中央给章太炎最正面的评价。

最近我参观一大会址，这里陈列的都是中国共产党的历史。我发现多了一个柜子，里面陈列着祖父写的祭秋瑾等人的祭文。祖父晚年，把他曾写过的有意思的文章抄录过一遍。不知道一大会址怎么会收集到这篇文章，并作为中国革命的一部分展出。这个变化太大了！以前，像我们这些人都被称为遗老遗少的。现在已经开始逐渐尊重这段历史。

以“民”监督政府

他作为革命家，多数人认为他是一个反清的斗士。仅仅知道他是一个推翻清政府的历史人物。他敢骂皇帝是小丑，敢反对慈禧太后，敢同保皇派斗争，敢第一个剪掉辫子，敢坐牢，就是这样一个人。其实这是天大的误会！

前几年纪念辛亥革命一百周年，中央电视台拍了一部大片，最后定名“走向共和”。一百年后，人们才真正意识到，辛亥革命是一场走向共和的革命。长期以来，我们的民主共和法治观念非常淡薄。辛亥革命后，反反复复的历史，就是反反复复的倒退，所以我要大声疾呼，你们误会了，章太炎不仅仅是一个反清斗士，他的最高追求是民主共和，他是第一代向我们灌输这种思想的人。

网上有人说章太炎后来退出了国民党。事实是，章太炎一天都没参加过国民党。现在趣闻取代了正史，无知取代了有知。真的很可怕。历史就是这样可爱，但又是那么的隐蔽，让人不知真相。

孙中山和章太炎，在推翻旧政权的时候，就在讨论，应该建立一个什么样的新中国，一个什么样的国家。不仅仅要简单地结束一个封建王朝，而是提出中国需要共和、要民主、要法治。

他跟孙中山说，我要作为一个“民”，来监督政府。中国一直没能解决的是民主监督。谁监督了袁世凯？谁监督了蒋介石？章太炎就是这样一个人，所以他有时候会发表和政府不同的看法——跟政府有不同看法的，被认为是不听话的，就是作梗，就是捣乱，就是异己分子，就被视为反动派。他们口头拥护共和民主，实质追求的是专制独裁，心里没有这种民主的意识和基因。

每遇章太炎有话要说，报纸便竞相转载，其中不乏断章取义、牵强附会之说，并经常辅以标题“章疯子大发其疯”。如果章太炎的言论一时合了他们的胃口，报纸头条就会写上“章疯子居然不疯”。

我想告诉我的后人，祖父是一个真正的爱国主义者。致力“主权在民”与“五族共和”，提倡“政党政治”与“民主监督”。他始终站在“民”的立场，敢于监督政府与政党，这才是他的政治灵魂。

章太炎和孙中山

祖父和中山先生，作为同时代的两个历史人物，并肩战斗了几十年，对中国近代历史的进程产生过重大影响。他们二人的关系也是众说纷纭，有人说章太炎和孙中山有很深的矛盾，但孙中山对章太炎怎么样呢？

我举几个例子。我看了孙中山的图片集，孙中山和其他人合影的，孙中山理所当然坐当中，如果和章太炎合影的，一定章太炎坐当中，孙中山坐边上。为什么？他们互相非常尊重，他们是一起革命的。从《革命方略》《军政府宣言》《土地宣言》到建国方略，他们是一起制定的。中央档案馆展出的孙中山文献资料，我去看过，都是章太炎执笔的，他们共同讨论着中国的未来啊！

孙中山的四篇最重要的著作《革命方略》《赤十字章程》等，都是章太炎写的序言，孙中山从没让别人为他的著作写过序言。为什么？

当辛亥革命胜利了，孙中山从美国回来，建立了临时国民政府，在南京要成立九人内阁，包括外交部长、国防部长等，孙中山提出了一个名单，他请章太炎担任教育部长，但孙中山的党徒都不同意。他们说，章太炎这么不听话的人，怎么能当？他经常跟我们唱反调的。孙中山实在没办法，只好请蔡元培当教育部长，请章太炎担任他的总统顾问，协助他工作。不过，章太炎只去了一天，他还是想站在“民间”的立场，监督政府。有什么不同的看法，跟孙中山提出。

他们很有趣，常常为了中国革命当中的一些重大问题，会有思想的交锋，但对他们两个人之间来讲，从来没有不适合。革命过程中出现一些矛盾和分歧是难免的。孙中山询问首都建在南京还是北京，他俩发生了争执，章太炎说应该建在北京，北边安定，国家就安定。你不要看南京是国民党人占领着，你要把袁世凯骗到南京来是不可能的，人家绝不跟革命党人一条心的。孙中山当时很困难，没钱，就把我们的铁路、煤矿押给日本人贷款，章太炎反对，他说不能贷这种款，可以想其他办法。

1917 年，孙中山到广州建立护法军政府，他请章太炎南下担任军政府秘书长。1921 年，孙中山再次就任非常大总统，再次请章太炎到广州，帮他组织日常工作。孙中山三次推荐章太炎担任国史馆馆长，他觉得只有章太炎才能把我们国家的历史如实地叙述下来。但是，当过大总统的袁世凯、黎元洪都不干，因为他们怕章太炎，不知道他会怎么说他们。

孙中山本人对章太炎提出的不同意见，是有雅量包容的。章太炎则始终站在民主监督的立场，敢于提出不同意见。章太炎对孙中山说，政府好比一幢楼房，人民敢于向政府提意见，政府这幢楼才不至于塌坏。孙中山非常认同这观点。他们二人的关系，是民初民主政治的缩影。所以孙中山始终尊重章太炎，这显示出孙中山民主的素养。他俩襟怀坦白，纵有不同意见，而私谊始终亲如手足。

（吴睿娜整理　上海政府参事室陈楠、潘旺欣协助采访）

怀家国情　谋天下事*

——市政府参事章念驰印象

在一个艳阳高照、气温超过39度的夏日，章念驰和往常一样早早地到了位于汉中路的办公室。倒上一杯白开水，就开始了一天的工作。办公桌上，工作人员已为他准备好了厚厚一叠资料，那是今天要处理的文稿。完稿并出版400余页的《“论统一”——章念驰自选集》《章太炎演讲集》，率团访问台湾，举行“中美关系中的台湾问题”高层研讨会……这是近阶段章念驰的工作日程。年逾古稀的他，仍保持着密集的工作节奏。

一生做的两件事情都近乎“谏”

章念驰是我国知名的台湾问题专家，上海东亚研究所所长，原市政府参事。他的祖父章太炎是我国近代杰出的民主革命家、

* 本文原发表于《圆梦东方——上海统一战线“同心共铸中国梦”优秀征文集》，学林出版社2014年9月版。

思想家，“辛亥三杰”之一。章念驰生于“动荡”时期（抗战），长于“忧患”年代（各种政治运动），“文革”结束时已近不惑之年。他说，“在这之前，作为一个‘可以教育好的子女’，我几乎乏善可陈”。

改革开放后三十年，章念驰先后从事了两项工作：先是在上海社科院历史所，从事《章太炎全集》的研究、整理和出版；后是在上海台湾研究会、台湾研究所、东亚研究所从事两岸关系研究。前者是要对八十多年前发生的事情作出客观公正的评价，后者则是对每日发生的台海关系作出准确的判断。回顾这些日子，章念驰坦言：“探究历史与现实的真相，都是坐冷板凳的活儿。追求历史的真实，诚非易事；追求国家的统一，在两岸博弈中坚持求真务实，不人云亦云，实在可以说是一个悲怆与无奈的职业。”章念驰认为自己一生做的两件事情，都近乎“谏”，“而自古以来，最难莫过于‘谏’，‘真’字说来容易做来难，其甘苦寂寞难为世人所知”。

据了解，章念驰在已故原海协会会长汪道涵身边工作了十五年之久。汪老的人格魅力与治学精神深深影响着他。怀念汪老时，章念驰说：“汪老是用他的整个心去了解台湾、理解台湾，他不光是爱台湾，更爱自己的祖国，爱整个中国，他不是把台湾问题作为一个孤立问题思考，而是把台湾问题放在整个中国的发展前途和命运当中加以思考。”这种家国情怀，也已深深印入章念驰的心中。

自 1998 年起，章念驰在《中国评论》月刊连续发表一系列文章，就关于统一与过渡阶段的各方面问题进行深入思考，逐步形成了以和平发展为核心、具有鲜明时代特色的“新统一论述”。如今已创刊十五周年，并在台港澳工作方面具有权威话语权的《中国评论》对章念驰的“新统一论述”给予高度评价：“章念驰构建了一套完整的新统一论述，极大丰富和发展了‘共同缔造论’，并为两岸关系和平发展重要思想的提出与不断丰富发展建立了思想和论述基础，意义重大。这些论述，极大地推动了两岸关系和平发展时期的实践，推动两岸关系不断前行。”

热心“做媒”，用心建言

2013 年 3 月 29 日，上海大酒店的会场内高朋满座。由上海市人民政府参事室和台湾《旺报》社主办，上海市人民政府台湾事务办公室、上海东亚研究所协办的“产业升级与沪台合作研讨会”成功举行。市长杨雄接见与会的台湾嘉义市代表团，市委、市政府领导出席开幕式并致辞，沪台各界人士共 200 余人出席了会议。

沪台研讨会至今已连续成功举办了三届，成为了上海对台交流的品牌项目。三年中，台北世界贸易中心董事长王志刚、台中市市长胡志强、嘉义市市长黄敏惠分别率团参加研讨会，与上海各界人士广泛交流。每次会议举办时，总有一个人默默地坐在台下，全程与会。他就是会议沪台合作双方的“媒人”章念驰。正是他的热心牵线，市政府参事室与台湾《旺报》社建立了合作关系，每年共同主办一届研讨会。

2006年，章念驰从韩正市长手中接过聘书，成为了市政府参事。担任参事之后，章念驰一心希望发挥自己的特长，为上海的发展尽一份力。2010年末，恰逢“十二五”规划即将出台，上海经济社会发展开启新篇章，章参事深思熟虑，撰写了《“十二五”规划与沪台经济》的参事专报，提出上海“十二五”期间发展不能忽视台湾，需建设共同家园、培植共同记忆、共建核心价值的意见，引起了市委领导的重视。

当时，市政府参事室正积极开拓参事对外交流的渠道。同时，以向台湾民众传播大陆及两岸关系资讯为主的台湾《旺报》社有意寻求与上海方面的合作。章念驰认为，政府参事是不同领域的精英，涉及面广，身份超脱，能在促进两岸交流中发挥独特作用。因此，便热心做起媒来，牵线搭桥，促成了双方的合作。2011年4月，“十二五规划与沪台经贸发展”研讨会成功召开。这是台湾工商界高层与上海市政府参事之间的首次全面交流。台湾《旺报》对此发表社评：“这次研讨会适逢十二五规划开局之年，也是两岸合作迈入新阶段的重要起点，因而格外受到重视。”市领导要求：“把研讨会办成品牌，继续做下去。”

章念驰已于2012年6月离任市政府参事职务。当被问及担任参事的感受时，他摇着头说：“作为参事，我不够称职。因为我太忙了，没能为上海的经济社会发展作什么贡献。”然而我们发现，在他担任政府参事的六年时间里，在身兼数职的繁忙工作之余，他共计独自或与其他参事合作撰写了14份参事调研报告和建议，其中 9 份得到了国务院和上海市领导的关注和批示。他所撰写的《关于建立长三角两岸经贸营运中心的建议》《二十年两岸关系的回顾与展望及上海对台工作的建议》《关于“和平发展期”的一些思考与建议》等报告，坦诚建言，注重时效。2009 年，他曾因患病而一度行动不便，但他仍然以极大的工作热情和强烈的使命感，投入到参政咨询工作中。患病期间所撰写的《让两岸美好始于世博》的建议，得到了韩正市长的重视。韩市长指示上海世博会执委会、世博局、市台办对如何让台湾同胞更好参展观展的问题进行专题研究。世博令两岸与有荣焉，凝聚着章念驰参事的心血和智慧。2011 年，章念驰参事被评为“上海市统战系统先进个人”。

面对成绩与荣誉，章念驰总不愿多谈。面对如此丰硕的参事业绩，他却连称自己“不称职”。这份低调和淡然可见一斑。

始终不懈地自我奋斗就是人生哲理

笔者有幸看到章念驰 2001 年印制的一本精美个人画集，收有他各时期的油画、水粉画及速写等作品。画作自有一种风格，给人以美的享受。心中惊讶，这位严谨治学的学者还具有如此浪漫的艺术家情怀。

对于作画，章念驰在画集的自序中写道：“反顾人生，治史与治两岸关系均有百万字的著述……然而，吾之一生，所最钟爱者乃吾画作也。吾治画最动情，治史最动义，治两岸关系则最动心。即便治画的岁月是吾最不幸之时，但它毕竟是吾生的一部分，喜怒哀乐，与吾生混为一体矣，对此情有独钟。父母与社会给吾等哪怕是一份很不理想的遗产或经历，吾等都无法拒绝，都不该抱怨命运的坎坷与不公，因为它让吾懂得了许多常人无法理解的哲理。”

“我们这代人是很有信念的，有一种天然的自我奋斗的动力。我从年轻到现在，没有一天晚上是不工作的。只是现在 70 岁以后，晚上才开始不工作了。我这辈子是在非常大的压力下过来的。在特殊历史环境下，出身不好就被剥夺了一切的条件和机会。因此，除了努力奋斗是没有其他出路的。就像画画，没有人教我，但靠自己努力也能做得不错。没有学过文史，但研究章太炎；没有学过政治，但研究两岸关系，并都做到高端。我认为，只要坚持不懈地努力，就没有不可突破的东西。”章念驰这样告诉笔者。

笔者见到，章念驰的寓所客厅中悬挂着达摩（禅宗始祖）画像和祖父章太炎的墨迹，他说正是祖父的思想与达摩的面壁精神影响了他的一生。“我之所以喜欢达摩，并不是因为宗教原因，而是听说达摩曾入嵩山少林寺修行，面壁九年，不为名利所动，不为世俗所诱，不为权势所畏，终成正果。”

路虽远，行则必至；事虽难，做则必成。章念驰以他的实践和功绩证明了这个道理。几十年来，他埋头实干，低调处事，但心中所谋之事可谓高远。“为一己谋则愚，为天下谋则智。”章念驰怀着两岸和平统一与中华民族伟大复兴的梦想，继续贡献着他的智慧与力量。